KB036857

나를 바꾸는
분노조절

화[火]를 조절하는 사람이 인생경영에 성공한다
나를 바꾸는 분노조절

초판 1쇄 인쇄 2013년 6월 11일
1쇄 발행 2013년 6월 19일

지은이 송태인

펴낸이 김영선
기획 · 편집 이교숙, 노은정
디자인 손소정, 차정아

펴낸곳 (주)다빈치하우스-미디어숲
주소 서울시 마포구 독막로8길 10 조현빌딩 2층(우 121-884)
전화 02-323-7234
팩스 02-323-0253
홈페이지 www.mfbook.co.kr
출판등록번호 제 2-2767호

값 15,000원
ISBN 978-89-91907-50-8(13190)

이 도서의 국립중앙도서관 출판시도서목록(CIP)은 서지정보유통지원시스템 홈페이지(http://seoji.nl.go.kr)와 국가자료공동목록시스템(http://www.nl.go.kr/kolisnet)에서 이용하실 수 있습니다.
(CIP제어번호: CIP2013007350)

화[火]를 조절하는 사람이 인생경영에 성공한다

나를 바꾸는 분노조절

송태인 지음

미디어숲

화(火)를 내버리는 사람은
후회를 낳고
화(火)를 조절하는 사람은
기회를 얻는다

전통적으로 분노[火]에 대한 사람들의 인식은 부정적인 쪽이었다. 분노하는 것은 방정하지 못한 행동으로 여겼고 분노를 참는 것은 미덕이 되었다. 분노는 마음속의 불이다. 분노는 쌓아 두면 더욱 커진다. 마치 작은 불씨들이 모여서 큰 불기둥을 이루는 것과 같다.

요즈음 마음의 불을 끄는 교육이 유행이다. '분노조절 프로그램'이 그것이다. 분노가 올라오면 무조건 참지 말고 적절한 때, 적절한 곳에서, 적절하게 발산하는 노하우를 익히는 것이다. 그러나 이미 폭넓게 퍼져 버린 화병(火病)을 치료하기에는 역부족이다. 과거처럼 분노는 물을 뿌려 잠재우려 하거나 밖으로 끄집어 풀어헤친다고 해서 해결될 문제가 아니다. 불안의 시대에 분노는 적극적인 학습의 대상이 되어야 한다.

오늘날의 분노는 단순한 불장난이 아니다. 뉴스를 시청하기가 겁난다. 각종 사건사고의 수위는 날로 높아지고 있다. 국민들은 곳곳에서 강력한 처벌과 대책을 요구한다. 지도자들은 예방책으로 인성교육을 강화하겠다고 나선다. 그러나 불안은 여전히 가시지 않는다. 불안은 분노의 조짐이다. 분노는 정서가 불안정한 곳에서 왕성하게 활동한다. 분노는 때와 장소를 가리지 않고 다양한 모습으로 드러난다. 분노는 바이러스다. 이 바이러스는 지극히 평범한 사람들의 일상 속으로 파고든다. 분노는 번지기 시작하면 종잡을 수가 없다. 그 악순환의 끝이 어디인지 예측하기 어렵다. 이제 분노에 대한 치밀한 연구와 체계적인 공부가 필요하다. 분노는 개인 차원에서 그칠 문제가 아니다. 정서는 가정에서, 직장에서, 사회에서, 국가에서 에너지의 원천이 되기 때문이다.

이 책은 교육철학적 관점에서 분노의 뿌리[火根]를 근본적으로 제거하는 방법을 다룬다. 분노조절 공식을 통하여 분노의 출발과 과정, 그리고 결과를 살피면서 지속적으로 예방과 치료를 주도적으로 할 수 있는 방법을 제시한다.

제1장 '분노를 살피다'에서는 분노에 대한 현실인식을 다룬다. 분노에 대한 선입견을 버리고 소통의 도구로서 재인식하게 하여, 분노를 사랑으로 터닝시키는 방법을 소개한다.

제2장 '분노를 발견하다'에서는 분노의 뿌리는 인성요소에 있음을 전제하고 15개의 인성키워드로 분노의 유형을 정리한다. 15가지 분노 유형 진단표를 숙지함으로써 분노는 개인의 감정풀이라는 통념을

깨고, 자신의 분노를 객관적으로 볼 수 있도록 하였다.

제3장 '분노를 깨닫다'에서는 반복되는 분노의 습관을 깨는 5가지 방법을 안내한다. 분노를 내버리고 나면 후회할 때가 있는데, 대부분 분노의 상황이 닥치면 이성적인 생각보다는 쌓인 감정의 습관이 먼저 튀어나온다. 여기서는 쌓인 감정을 다양한 각도로 접근해서 녹이는 연습도구를 공유한다.

제4장 '분노를 해결하다'에서는 분노를 해결하는 5단계 공식을 소개한다. 특히, 분노의 주체와 객체 그 둘 '사이'의 관점에서 마음을 하나로 모아, 서로 다름보다는 서로 같음의 눈으로 분노를 해결하는 프로세스를 제시한다.

제5장 '분노를 예방하다'에서는 분노의 뿌리인 인성근력을 키워 보다 적극적으로 소통의 리더십을 발휘하는 방법을 안내한다. 성찰(省察)의 근력으로 자기경영을, 감사(感謝)의 근력으로 가정경영을, 정직(正直)의 근력으로 직장경영을, 나눔의 근력으로 사회경영을 원만하게 할 수 있는 방안을 제시한다.

나는 대학 졸업 후 근 20년간 줄곧 우리 교육 문제를 고민해 왔다.

공교육, 사교육, 대안교육을 넘나들면서 가르치는 전공과목이나 교육대상을 뚜렷하게 구분하지 않고 종횡무진 달려왔다. 그러나 시종일관 변하지 않은 주제는 '서로 살리는 교육'이다. 어디를 향하여 왜 가는지도 모르고 앞만 보고 달리는 기존의 교육시스템은 결국 소모적인 분노를 불러일으킨다는 이치를 깨달았기 때문이다. 분노는 방향을 바로 잡으라는 신호이다. 그 신호는 모두가 느끼지만 그것을 예민하게 알아차리고 현실의 삶에서 구현하는 사람은 많지 않다. 대한민국은 힐링보다는 터닝이 필요한 때이다. 힐링은 소수의 전문가가 소수의 대상에게 행하는 서비스 개념이다. 이것으로는 광범위하게 퍼져 있는 분노의 악순환을 차단하기에는 역부족이다.

현재 우리 사회의 분노는 기존 교육시스템의 오류를 알리는 신호로 인식해야 한다. 삶의 패턴은 교육에서 가장 큰 영향을 받기 때문이다. 따라서 현 시점에서 모두를 살릴 수 있는 교육패러다임으로 터닝해야 한다. 나는 그 방향은 '지식과 기술' 중심 교육에서 '인성과 소통' 중심 교육으로 전환해야 한다고 생각한다. 대한민국 한 사람, 한 사람의 시간, 돈, 에너지가 긍정으로 전환되도록 교육의 새로운 디자인이 필요하다. 급할수록, 총체적인 문제일수록 근원을 살피는 지혜가 필요하다.

이 책을 쓰게 된 동기는 누구나 공감하는 '분노'라는 부정어도 서로 살리는 기준으로 터닝하면 '사랑'이라는 긍정어로 바뀔 수 있다는 희망을 공유하기 위해서다. 고백하자면 나는 그동안 다양한 책을 집필하였지만 사실 독자와의 소통에 무게를 두지는 못했다. 내가 하고 싶은 말에 초점을 두었기 때문이다.

맹자는 "천시(天時)는 지리(地理)만 못하고 지리(地理)는 인화(人和)만 못하다."고 했다. 천시는 그 시대가 요구하는 일과 가치의 타이밍이요, 지리는 그 일의 성사를 위한 조건역량이며, 인화는 함께하는 대상과의 소통을 말한다. 기존의 지필이 천시와 지리에 초점을 두었다면, 이 책은 인화까지 고려하도록 나름대로 노력한 작품이다.

독자의 분노는 작가에게는 보약이다. 가장 한국적인 삶의 문화, 가장 살고 싶은 대한민국, 터닝코리아를 독자와 함께 꿈꾼다.

인성소통협회 회장 송태인

차례

제3장 분노[火]를 깨닫다 · 125

제4장 분노[火]를 해결하다 · 179

제5장 분노[火]를 예방하다 · 209

•제1장•

분노[火]를 살피다

분노조절 1단계는 분노살피기다. 분노가 올라오면 대부분 피하기 쉽다. 분노는 기분(氣分)을 나쁘게 하기 때문이다. 그러나 순간의 기분 때문에 분노를 피하게 되면 그것은 정서의 기억에 둥지를 틀고 자리 잡는다. 따라서 분노의 조짐이 느껴지면 내버리지 말고 하나하나 면밀히 살펴야 한다. 분노의 기운은 잠시만 놓쳐도 객기(客氣)의 형태로 달아나 버린다. 정서가 불안정해지면 정신줄을 부여잡고 분노의 주체와 객체가 어떠한 경로로 이동하는지 완전히 사라질 때까지 살펴야 한다. 분노는 대개 살피는 힘의 부족으로 나중에 더 큰 문제가 발생한다. 분노 살핌은 분노 공부의 시작 단계이다.

1
불통의 시대, 힐링보다 터닝이 필요한 시대다

"당신은 누구와 소통이 가장 어렵습니까?"

대한민국 30~50대 성인을 대상으로 하는 강연 때마다 빠지지 않고 하는 질문이다. 그 대답은 지역에 관계없이 대개 첫째는 부부 사이, 둘째는 자녀 사이, 셋째는 부모 사이, 넷째는 직장 구성원 사이, 다섯째는 정치지도자 사이를 꼽는다.

가장 가까이에서 속마음을 가장 많이 나누어야 하는 대상일수록 소통에 어려움을 느낀다는 이야기다. 개인마다 차이는 있겠지만 이 불통(不通)의 순서는 현대인들의 행복을 가늠해 볼 수 있는 지표로써 의미하는 바가 크다. 위의 질문은 "당신은 누구와 가장 행복한 관계를 맺고 싶습니까?"라고 바꾸어 말할 수 있기 때문이다. 불통은 기(氣)를 막히게 한다. 그 기가 막히면 분노는 활동을 시작한다.

얼마 전 '분노조절' 주제 강연을 마치고 강의실을 막 나오는데 50대 중반의 한 여성이 고민을 호소했다. 남편과의 불통이 고통을 넘어 막장의 단계에 들어서고 있다는 것이다. 사연인 즉, 본인은 서울 태생으로 풍족한 가정에서 개방적으로 자랐고 현재는 대학교수로 재직 중이다. 남편은 대구 출생으로 어려운 환경에서 규율이 엄한 부모 밑에서 자라 현재는 잘 나가는 성형외과 의사다. 그런데 결혼 이후 지금까지 부부가 함께 공유할 만한 것은 하나도 없다는 것이 불만의 핵심이었다. 양가 부모님들의 가치관부터 부부 사이의 종교, 성격, 취미, 기호물품 등 어느 것 하나도 코드가 맞지 않는다는 것이다. 그러면 왜 같이 사느냐고 물었다. 그녀는 아이들과 주위의 시선이 지금껏 견디게 했는데, 이제는 더 이상 분노를 견딜 수가 없다고 하소연했다. 그녀의 고통은 세월의 무게만큼 커다랗게 다가왔지만 그 자리에서 딱히 해결책은 제시하지 못한 채 다음 기회에 시간을 가지고 차근히 이야기하자는 말만 남기고 헤어졌다.

소통(疏通)은 누구나 원하는 바다. 그러나 누구나 소통을 잘하는 것은 아니다. 소통을 잘하기 위해서는 소통을 제대로 알아야 한다. 소통은 나와 대상, 즉 이 둘의 사이가 기분 좋은 상태를 말한다. 기분이 좋다는 것은 서로의 기운이 균형과 조화를 잘 이루고 있다는 정서의 느낌이다. 사이를 기분 좋게 만드는 힘, 그것이 소통 능력이다. 과거에는 이 '사이'의 중요성을 알았기에 어릴 때부터 아이들에게 늘 '사이좋게 놀아라'라며 그 능력을 길러 주려고 애를 썼다. 사이좋게 놀면서 배우는 것은 '나'와 '대상' 사이의 다른 점은 줄여 나가고 같은 점은 늘려 나가는 것이다. 서로의 '같은 영역을 늘려가는 것', 이것이 소통의 핵심이다.

유추해 보건데 위 사례 부부의 경우는 지식과 기술을 습득하기 위한 공부는 많이 하였을지 모르겠지만 사이좋게 노는 공부는 등한했던 것이 아마 지금의 막장까지 다다르게 한 원인이 아닐까 생각한다. 사이가 나빠지면 그 틈을 비집고 분노[火]가 들어선다.

사실 조금 더 깊이 들어가 보면 소통은 자기 자신으로부터 출발한다. 자기 자신과의 사이가 좋아야 다른 사람들과도 좋은 사이를 만들어 갈 수 있다. 나와 나 사이의 관계가 원만하지 못하면 나와 관계 맺는 주위 사람들과도 벽이 생기게 된다. 따라서 평소에 가장 가까이 있는 나와 나 사이를 좋게 만드는 훈련이 필요하다. 그것이 사이좋게 노는 공부의 원리이기 때문이다.

그런데 언제부터인가 우리는 자기 자신을 들여다보는 성찰의 공부를 등한시하기 시작했다. 앞만 보고 달리기에 바빴다. 어느 정도 달리다 보면 그 끝이 보일 줄 알고 성찰의 공부는 미루고 또 미루기 일쑤였다. 자기성찰의 숙제가 눈덩이처럼 커지면 커질수록 자포자기하거나 무감각해질 가능성이 높아진다. 자기 자신에 대한 무관심 이것이 불통(不通)의 가장 큰 적이다. 사이좋은 영역은 자기성찰에 대한 성실의 크기이다. 자기성찰을 얼마만큼 성실하게, 꾸준히 했느냐에 따라서 소통의 영역이 좌우되는 것이다. 물론 소통은 쌍방향의 문제다. 내가 아무리 소통을 잘하려고 발버둥쳐도 그 대상이 응해 주지 않으면 공염불이다. 맞는 말이다.

하지만 한 번 더 생각해 보면 그 입장은 대안이 될 수는 없다. 불통의 원인을 대상에게 돌리기 시작하면 불통의 벽은 두 배로 커지기 때문이다. 이와 같이 불통의 관점을 나로 돌려 보면 분노는 나와 나 사이의 벽에서 출발한다는 것을 알 수 있을 것이다.

한편 소통(疏通)은 문화적 성격이 강하다. 인간의 정서는 개인 사이에만 통하는 것이 아니다. 개인과 집단, 집단과 집단 사이에도 소통의 원리는 그대로 적용된다. 사실 문화적 소통은 그 변인의 요소가 너무 복잡하여 설명이 쉽지 않다. 그러나 소통의 주체와 객체, 이 둘 사이의 '같은 영역'을 확장해 나가는 이치는 동일하다. 가령 결혼은 개인과 개인 사이의 소통뿐만이 아니라 개인과 집단, 집단과 집단 사이의 소통을 동시에 요구하는 대표적인 사례다.

그래서 예로부터 결혼은 소통의 종합적인 역량을 가늠하는 중차대한 일이기에 인륜지 대사라 칭했다. 서로 낯선 신랑과 신부는 연애라는 기간을 통하여 서로 다른 점은 점차 줄여 나가며 같은 점은 늘려 나간다. 상견례는 서로 다른 가정과 가정이 만나서 이들 사이에서 상호 문화를 교류하면서 신랑 측과 신부 측이 동질의 문화를 만들어 갈 수 있는지 여부를 확인하는 자리다. 신랑과 신부, 양가 식구들 사이가 모두 좋으면 순항이다. 그러나 처음부터 완전한 소통은 기대하기 어렵다.

고통(苦痛)은 소통의 어머니다. 고통의 과정을 거쳐야 비로소 소통의 길은 열린다. '같은 영역'은 저절로 생기지 않는다. 그것은 마치 정자와 난자가 만나 오랜 여정을 거쳐 산고를 치룬 이후에 부부를 닮은 제3의 한 생명이 잉태되는 것과 같다. 소통으로서의 '같은 영역'은 획일적인 통일도, 일방적인 희생도 아닌 다른 두 대상이 만나 새로운 하나를 창조하는 생명의 신비로운 창고이다. 따라서 '같은 영역'에서는 분노[火]의 역할이 없어진다.

이러한 맥락에서 보면 소통은 기술이 아니다. 소통은 창조하는 마음이다. 좋은 사이는 가장 자연스러운 마음과 마음의 교류에서 자란다. 마음은 인위적인 기술이 가해지면 금세 변질되고 만다. 따라서 소통 공부는 자연본성의 마음근력을 키우는 데 있다. 우선 자기 자신의 마음과 소통하라. 나와 나 사이에 가려진 벽은 없는지, 마음과 생각과 몸은 서로 잘 통하는지, 나는 나의 마음을 얼마나 알고 있는지를 성찰해 본다.

배우자의 마음과 소통하라. 지혜로운 부부는 서로 다른 점을 보려는 에너지를 서로 같은 마음의 영역을 가꾸는 에너지로 터닝한다. 다른 점은 원래부터 주어진 것이라면 같은 영역은 함께 창조하는 행복의 보금자리라는 것을 알기 때문이다.

자녀의 마음과 소통하라. 부모와 자녀 사이의 '같은 영역'은 무엇일까? 자녀는 부모에게 인정받고 싶은 욕구가 있다. 부모는 자녀를 자랑스럽게 기르고 싶어 한다. 따라서 '같은 영역'은 자기실현이다. 직장동료나 상사, 정치지도자들과의 소통도 마찬가지다. 서로 같은 마음의 영역을 무한히 확장해 나갈 수 있도록 다각도로 노력해야 한다. 소통이 원활하면 분노는 머물지 않는다.

소통의 도구인 교통과 통신기기는 날로 발달하는데 소통지수는 점점 낮아지고 있다. 아이러니컬하다. 길거리 사람들의 얼굴은 굳어 있다. 눈빛은 외롭고 차갑게 느껴진다. 사용하는 언어도 거칠고 딱딱하다. 미디어에 흐르는 정보는 인위적이고 자극적이다. 대부분의 사람들은 이러한 환경에 적응하고 길들여져 가고 있다. 이것은 그냥 지나칠 일이 아니다. 에너지의 흐름을 바꾸기 위해서는 힐링보다 터닝이 필요한 시대다. 불통의 대상이 소수일 경우는 힐링이 통한다. 그러나 구성원 대다수가 소통의 문제를 안고 있을 때는 터닝에서 대안을 찾아야 한다. 미래의 지도자는 소통의 분위기를 바꾸는 터닝메이커가 되어야 한다.

리더는 구성원들에게 소통의 목마름을 느끼도록 도와야 한다.

기가 막히면 분노가 일어난다. 이러한 분노는 적극적으로 인식하고 극복해야 할 대상이다. 일시적인 고통이 따르더라도 자극을 주어야 한다. 긍정의 기운이 대한민국 방방 곳곳에 선순환하도록 '같은 마음', 즉 동심(同心)의 근력을 키우는 지혜가 필요한 때이다.

2
감각은
소통의 문이다

오색(五色)의 화려한 색깔은 사람의 눈을 멀게 하고,
오음(五音)의 아름다운 소리는 사람의 귀를 멀게 한다.
오미(五味)의 좋은 맛은 사람의 입맛을 버리게 한다.
말을 달려 사냥을 하는 것은 사람의 마음을 광분하게 만들고,
얻기 어려운 재물은 사람의 행실을 그르치게 한다.
그러므로 성인(聖人)은 배를 채울 뿐 눈요기는 하지 않는다.
그리하여 저것을 버리고 이것을 취하는 것이다.

노자의 『도덕경』 12장이다.

약 2500년 전의 이야기인데도 오늘날 우리들에게 주는 메시지는 크고 강하다. 화려한 색깔, 아름다운 소리, 좋은 맛, 신나는 사냥……. 이

것은 현대문명이 추구하는 트렌드다. 더 화려하게, 더 아름답게, 더 좋은 맛으로, 더 신나게 먹고 입고 자고 노는 것은 모두의 희망이다. 다만 이것을 만족시켜 줄 돈이 부족할 뿐이다.

이렇게 좋은 것을 노자는 왜 경계하라고 했을까? 그것은 감각(感覺)의 상실을 염려한 것이다. 필요 이상의 자극은 감각을 둔화시킨다. 감각의 자극은 더 큰 자극을 원한다. 문명의 이기에 더 많이 노출된 사람일수록 더 강한 자극을 요한다. 감각은 생각의 욕구와 별개가 아니기 때문이다. 통제가 어려운 생각의 욕구를 뒤좇다 보면 감각은 무리를 하게 된다. 감각이 지치면 시력은 떨어지고 청력은 낮아지며 입맛은 없어지고 단잠을 잊게 되고 놀아도 즐겁지 않게 된다. 감각의 본성을 잃어버렸기 때문이다. 따라서 지속적으로 감각의 즐거움을 유지하려면 돈이 많아야 하는 것이 아니라 소비를 조절하는 능력을 키워야 한다.

감각의 퇴화는 개인의 문제로 그치지 않는다. 감각은 살피는 능력과 직결된다. 시각, 청각, 촉각, 후각, 미각은 정보를 입수하는 대표적인 감각이다. 감각은 소통의 문이다. 감각이 살아 있는 사람은 대상을 살피고 교감하는 영역이 넓다. 감각이 지친 현대인들은 살피는 능력이 현저히 떨어지고 있다. 관계는 맺는데 대상을 건성으로 보고 듣고 느낀다. 겉보기에는 건강한데 실체는 부실해지고 있는 것이다. 이것은 점차 보는 척, 듣는 척, 아는 척하는 습관으로 굳어지게 된다.

이 척의 습관은 분노의 환경을 만든다. 살피는 능력이 떨어지면 목소리는 자연히 커진다. 서로가 주파수를 맞추기 어렵기 때문이다. 목소리가 커지면 정서(情緒)의 문은 예민하게 반응하며 문 닫을 준비를 한다.

문이 닫히면 답답하다. 그 닫힌 문을 열려는 반사에너지가 분노이다. 또한 살피는 능력이 떨어지면 소통의 타이밍을 놓치게 된다. 정서교류는 타이밍이 생명이다. 정서는 리듬을 타기 때문이다. 정서교류의 타이밍을 놓치면 기분이 상한다. 기분이 반복해서 심하게 상하면 역시 분노가 발동한다.

척하는 습관은 오해를 낳기도 한다. 동일한 대상을 이야기해도 서로 다른 것을 취하기 때문이다. 오해는 또 다른 오해를 낳고 눈덩이처럼 커진 오해는 제3의 분노를 잉태시키는 악순환으로 이어진다. 이것이 쌓이면 분노증후군이 되는 것이다.

살피는 것은 분노 공부의 시작이다. 잘 살펴보아야 내가 대상과 무엇을 주고받아야 하는지 판단이 선다. 살피는 데는 두 가지 길이 있다. 하나는 자기 안을 살피는 성찰이다. 또 하나는 자기 밖을 살피는 관찰이다. 성찰과 관찰은 수레의 양 바퀴처럼 균형을 유지하는 것이 중요하다. 분노발생은 대상과 관계맺음에서 비롯되기 때문이다. 특히 정서는 주관적인 요소가 강하기 때문에 안과 밖을 균형 있게 살피면서 자신의 분노상황을 객관화하도록 힘써야 한다. 분노는 3단계에 걸쳐서 살피는 연습이 필요하다.

1단계는 기분(氣分)을 살펴야 한다. 기분은 정서의 상태를 지각하는 기준이다. 기분이 나쁘면 정서교류에 이상이 있다는 신호이다. 이때 성찰과 관찰을 작동시켜 양쪽 기분을 살피면서 주고받음에 무엇이 문제인지 체크하고 조절하면 분노상황을 예방할 수 있다. 기분 나쁨이 반복적으로 지속되면 분노로 진화한다.

2단계는 분노를 잘 살펴야 한다. 누구와 어떤 상황에서 왜 분노가 일어나는지 추적 조사하는 자세로 꼼꼼히 살펴야 한다. 분노는 피할 수도, 피해서도 안 되는, 내가 직접 풀어 나가야 할 짐이다.

3단계는 분노습관을 살펴야 한다. 기존에 분노가 발생했을 때 그 분노상황을 어떻게 대처해 왔으며, 앞으로는 어떻게 해결해 나갈지, 나와 분노대상에 대해서 치밀하게 살피는 연습이 필요하다. 분노의 위험성은 '좋은 게 좋은 것'이라는 식의 분노회피 습관에 있기 때문이다.

한편, 요즘 사람들은 눈치가 빠르다. 경쟁사회에서 살아남기 위해서다. 눈치는 조직사회에서 소통으로 인정받는다. 계약사회에서 진정성이 있는 정서교감은 서로 불편함을 줄 수 있다. 적당한 거리는 서로에게 자유를 준다. 그러나 살피는 것과 눈치는 다르다. 살피는 것은 대상을 있는 그대로 보는 것이다. 반면에 눈치는 보는 사람 주체의 사적인 감정을 기준으로 대상을 바라보는 것이다. 눈치는 대상을 왜곡해서 볼 가능성이 크다. 눈치는 보는 사람도 힘들고 눈치 받는 사람도 기분이 나빠진다. 눈치는 시간이 흐를수록 정서에 불신을 준다. 정서의 불신이 커지면 커질수록 분노발생의 확률도 높아진다.

분노는 단편적으로 접근할 문제가 아니다. 분노가 발생하기까지는 삶의 다양한 요소가 결부되어 있다. 여기서 주목할 부분은 분노발생의 원인은 정신적 환경만큼이나 물리적인 환경도 중요하다는 인식이다. 사람의 정서는 먹는 것, 입는 것, 사는 것, 노는 것 등 사소한 일상생활의 주고받는 관계 속에서 자란다. 분노를 예방하고 치료하기 위해서는 감각을 잃지 않도록 내적 외적 환경을 조성해야 한다. 감각은 자연본성에서 제 기능을 최대한 발휘한다. 잘 먹고 잘살자는 웰빙족, 나와 너, 환경까지 고려한 친환경적이고 공동체적 가치를 추구하는 로하스족, 고속으로 주행하던 자동차를 저속기어로 바꾸듯이 생활의 패턴을 여유롭게 바꾸어 여가를 즐기고 삶의 질을 향상시켜 만족을 추구하자는 다운쉬프트족 등 속속 등장하고 있는 대안문명들은 크게 보면 자연본성을 지키려는 움직임이라 할 수 있다. 더 쉽게, 더 빨리, 더 편리하게, 더, 더, 더……. 노자는 '더'를 선택하면 심신의 감각을 잃어 삶의 맛을 느끼지 못할 것이라고 경고한다. 분노의 시대, 플러스적 사고에서 마이너스적 사고로 터닝하는 지혜가 필요하다.

3

화(火)는 가깝고 작은 것에서 출발한다

70대 중반의 할머니 이야기다. 할머니는 남편과의 성격 차이로 화병(火病)이 커져 심장질환 수술까지 받았다고 한다. 남편은 완벽주의자이고 할머니는 속칭 덜렁주의자다. 결혼 때부터 할머니는 반듯하게 놓아라, 깨끗하게 치워라, 정확하게 계산하라 식의 잔소리를 듣고 살아야 했다. 지금은 종교생활을 통하여 어느 정도 마음을 비우고는 있지만 지나온 세월을 생각하면 후회와 안타까움이 크다고 한다.

상상이 간다. 정도의 차이가 있을 뿐, 우리네 일상은 할머니네 부부처럼 잔소리를 주고받으며 살아간다. 잔소리는 잔잔한 소리다. 잔소리가 통하지 않으면 큰소리가 나온다. 사람은 소리에 예민하다. 좋은 소리는 정서를 풍요롭게 한다. 그러나 나쁜 소리는 정서를 경직시킨다. 우리네 일상의 말은 잔소리든 큰소리든 기분 좋은 말보다는 기분 나쁜 말이 더 많다. 아무리 좋은 의도를 가지고 하는 말이라도 싫은 소리는 듣기 싫은 법이다. 하지만 싫은 소리는 반복하는 경우가 더 많다. 한번 비위에 거슬리면 그것은 기억에서 잘 사라지지 않는다. 그 불쾌한 기억을 기준으로 상대방의 모습을 지켜보면 동일한 상황이라 하더라도 그 모습은 더 커 보인다. 이때 잔소리는 큰소리로 변한다. 큰소리 속에는 분노의 씨가 들어 있다. 혼자 살지 않는 한, 사람 소리는 피할 수 없다. 그렇다면 대안은 나쁜 소리는 줄이고 좋은 소리를 늘리는 수밖에 없다. 좋은 소리는 저절로 나오는 것이 아니다. 다양한 요소들이 균형과 조화를 이룰 때 완성도 높은 소리가 탄생한다.

사람과 사람 사이의 소리는 헛소리와 참소리로 나누어 볼 수 있다. 헛소리는 객기(客氣)의 소리다. 다른 사람을 헐뜯는 말이라든지, 풍문에 떠돌아다니는 근거 없는 이야기를 마치 자기 이야기처럼 입에 거품을 물고 만들어 내는 말이라든지, 자기 욕구를 채우는 데 방해가 되는 대상을 향하여 비방하는 말 등은 헛소리다. 헛소리는 말하는 사람이나 호응해 주는 사람에게 그 일순간이나마 시원한 욕구배설의 기능을 한다. 그러나 헛소리는 헛소리일 뿐이다. 헛소리가 많은 개인과 집단은 분노가 많은 사회다. 사람의 소리는 정서의 울림이기 때문이다. 정서가 뒤틀릴 때 헛소리는 나온다. 헛소리가 요란할 때 참소리는 숨을 죽인다. 참소리는 원래 헛소리와 뒤섞이기를 원하지 않는다. 참소리는 긍정의 관계를 전제로 하는 말이다. 서로 잘해 보자는 의도가 깔려 있는 것이다. 그런데 의도가 좋다고 해서 결과가 항상 좋은 것은 아니다. 그러다 보니 나중에는 헛소리와 참소리가 뒤엉켜서 돌연변이 형태의 잡소리까지 나온다. 잡소리는 소음공해다. 소음은 정서에 치명적인 해를 가한다. 소음공해가 심할수록 긍정적인 정서의 문은 좁아진다. 따라서 참소리가 제 목소리를 내도록 도와야 한다.

원래 참소리는 가까이에 있는 사람끼리 하는 말이다. 좋은 관계를 유지하기 위한 애정 어린 신호다. 그런데 인간의 특성상 대개 참소리의 본질을 끝까지 유지하기는 어렵다.

첫 번째 이유는 가까이에서 함께 나누는 사람일수록 그 사람의 결점이 더 잘 보인다는 점이다. 학창시절에 강의실에서 모범적인 모습만 보이던 사람인데, MT를 가서 하룻밤 생활을 함께 하다 보면 새로운 결점을 발견하게 된다. 연애할 때 좋은 점만 보이던 배우자도 결혼해서 살다 보면 또 다른 결점이 발견된다. 내가 원하던 직장에 들어가서 보면 밖에서 생각했던 것과 달리 많은 결점이 눈에 거슬린다. 결점은 사람 스타일에 따라서 받아들이는 각도와 양이 천태만태이다. 긍정의 눈으로 보는 사람은 그 결점도 달콤한 애교로 보인다. 그러나 부정의 눈으로 보기 시작하면 하나의 결점도 날카로운 눈으로 쪼개어 수만 개의 결점을 만들어 낸다. 좋아하니 더욱 가까이에서 좋은 관계를 맺자고 만났는데, 가까이할수록 잘 보이는 이 결점을 어떻게 해결해야 할까? 또 다른 스타일은 결점에 무감각하거나 포기하는 부류도 있다.

참소리의 본질을 유지하기 어려운 두 번째 이유는 가깝다고 생각하는 사람에게는 너그러움을 넘어서서 모든 것을 포용해 줄 것이라는 착각을 하게 된다는 점이다. 배우자니까, 부모니까, 자식이니까, 친구니까, 직장동료니까, 이웃이니까 이해해 주겠지. 천만의 말씀이다. 정서는 가까운 사람에게는 더 가까운 정서 관계를 원한다. 사람마다 기대하는 정서기준치가 다르다.

세 번째 이유는 가까이 있는 사람끼리는 작은 것은 무시하고 지나가도 괜찮다는 인식이 깔려 있다는 점이다. 사람의 정서는 변화무쌍해서 평소에는 무시하고 지나쳤던 것들도 예민할 때는 머리카락 하나 놓치지 않고 셀 만큼 치밀해진다. 중국 전국 시대에 살았던 맹자는 이와 같은 인간 정서의 특징을 간파하고 다음과 같이 말했다.

> 공손추가 말했다.
> "군자들이 자식을 직접 가르치지 않는 것은 무슨 까닭입니까?"
> 맹자가 말하였다.
> "형편이 그렇지 못하기 때문이다. 가르치는 자는 반드시 올바른 길로 가르치게 마련이다. 그런데 올바른 길로 가르치다가 실천이 안 되면 분노하게 되고 분노하면 도리어 자식의 마음이 상하게 된다. 이때 자식이 '당신께서 나를 바른 길로 가르치시지만 당신께서도 바른 길로 가시는 것은 아니다.'라고 생각하게 되면

이것은 부모와 자식 사이에 서로 의를 상하는 길이다. 부자간에 서로 의가 상하는 것은 나쁜 일이다.
그래서 옛날에도 자식을 서로 바꾸어 가르쳤다. 부모와 자식 사이에는 책선(責善)하지 않는 법이다. 책선하면 정이 떨어지게 된다. 정이 떨어지면 불쌍함이 이보다 더 큰 것이 없다."

『맹자』 '이루 편'에 나오는 이야기다.

사람 사이에 잔소리는 없을 수 없다. 그 잔소리가 참소리의 본질을 유지하도록 힘써야 한다. 좋은 것은 쉽게 얻어지지 않는 법이다. 가까이 있는 사람이 재산이다. 가까운 사람일수록 정서에 대한 배려가 필요하다. 아무리 물질만능의 사회라지만 정서 영역을 돈으로 환산하기는 어렵다. 오히려 돈이 개입되면 정서는 건조해진다. 가까이에서 잘 보이는 결점은 가까이에 있는 사람이 채워 나가야 할 몫이다. 사람은 결점이 있기에 함께 사는 것이다. 구성원들끼리 서로의 결점을 채워 가는 잔소리, 그것이 조화로운 참소리의 본질이다.

정서는 조금만 방심해도 삐지는 경향이 있다. 가까이에 있는 사람끼리의 정서는 틀어지면 더욱 예민하게 알아차린다. 세 끼니 밥 챙기듯 가까이에 있는 사람의 정서반응도 챙겨야 한다. 참소리는 그것을 챙기는 힘이다. 가까이에서 함께 나누는 사람일수록 사소하다고 여기는 것, 무시해도 된다고 생각하는 것, 이해해 줄 것이라고 믿는 것은 금물이다.

서로의 정서 상황과 상태를 확인하는 참소리는 상호존중이다. 정서는 사랑을 나눌 수 있는 무한한 공간이다. 이 공간을 누구와 어떻게 채워 나가느냐는 것은 그 사람의 능력이다.

4
내 삶의 킹핀을 찾아라

킹핀(king pin)은 결정적인 요소를 가리키는 말이다. 가령 볼링게임에서 스트라이크를 치려면 눈앞에 보이는 1번 핀에 조준하는 것이 아니라 5번 핀을 맞추어야 한다. 급소는 10개의 핀 가운데 5번 핀인 것이다. 볼링게임에서 킹핀 볼은 5번이다. 아마존 밀림에서 벌목한 나무는 강물에 띄워 아래로 내려 보낸다. 나무들이 강물을 타고 내려오다가 굴곡이 있는 곳에서 서로 뒤엉켜 꼼짝달싹 못하는 경우가 발생한다. 이때 복잡하게 뒤엉켜 있는 나무들 사이에서 엉킴의 원인이 되는 한 나무만 건드려 주면 모든 나무들은 다시 순조롭게 흘러 내려간다. 아마존 밀림에서 뒤엉켜 있는 많은 나무들 가운데서 그 물코를 트는 결정적인 단 하나의 나무가 킹핀이다.

복잡하게 뒤엉켜 있는 세상 문제를 풀어가는 킹핀은 무엇일까? 사람이면 누구나 삶의 킹핀을 원하지만 그리 쉽게 내 손에 들어오지 않는다. 인생의 킹핀은 치열한 경험과 집요한 고민 속에서 깨달아 가는 긴 역사의 길목에 숨어 있다. 그 길은 어렵고 힘들다. 그래서 출발조차 하지 못하거나 중도에 포기하는 사람들도 많다. 하지만 이 사람들은 아마도 인생의 킹핀을 너무 멀리서 찾으려는 욕심의 결과가 아닐까 생각한다.

내 인생의 킹핀은 꿈에서부터 출발해야 한다. 한 인간으로 태어나서 우여곡절과 산전수전을 겪으면서도 놓지 말아야 할 것은 꿈이다. 꿈은 그 사람의 에너지이며 얼이기 때문이다. 얼이 혼미해지면 세상살이가 어려워진다. 반대로 얼이 똑바로 서 있으면 어려운 문제도 물러난다. 그래서 예로부터 얼은 삶의 최고의 가치로 여겨 왔다.

얼은 일상의 언어에서도 그 중요도를 확인할 수 있다. 언어 해석학적 관점에서 몇 가지 예를 들어보면 얼굴은 '얼이 담긴 굴'이다. 그래서 동물에게는 얼굴이라 부르지 않는다. 얼은 인간과 동물을 가르는 기준이다. 사람 호칭에서도 얼은 기준이 된다. 어린이는 '얼 이른' 즉, 얼이 아직 이르다는 의미가 있다. 어른은 '얼든' 즉, 얼이 가득하다는 뜻이 있다. 어르신은 '얼이 신'의 단계에 올랐다는 의미해석이 가능할 듯하다. 얼의 무게에 따라서 사람의 가치를 구분하려는 모습을 엿볼 수 있다. '얼떨결에'라는 말은 '얼이 떨리는 상태'를, 어리석다는 말은 '얼이 썩었다'는 뜻이 담긴 말이다. 이 밖에도 얼간이, 얼차례, 얼싸안다 등 얼과 연관된 일상용어는 무궁하다. 얼은 이처럼 사람이 가야 할 마땅한 길을 가늠하는 용어로 사용하고 있다.

사실 기존의 개념에서 보면 꿈과 얼은 상당한 거리가 있다. 꿈은 '실현시키고 싶은 희망이나 이상(理想)'을, 얼은 '정신에서 중심이 되는 부분'이라는 사전적 의미가 있다. 일반적으로 꿈은 '내가 이루고 싶은 미래의 모습'을 그리고 얻은 '정신의 내적 산물'을 일컫는다. 그렇다면 내 인생의 킹핀으로서 꿈은 무엇일까? 꿈은 먼 훗날 그것을 이루는 것이 아니다. 진정한 꿈은 늘 현실에서 그렇게 사는 것이다.

그래서 꿈은 얼과 통한다. 꿈은 매 순간순간을 살아가는 에너지의 원천이어야 한다. 먼 훗날을 기약하고 미루는 것은 꿈이 아니라 희망이나 소망이다. 얼과 함께하는 꿈은 나의 가치이며 삶의 방향이다. 삶의 방향이 서 있는 사람은 외부환경에 쉽게 흔들리지 않는다. 어려움이 닥쳐와도 가치기준에 따라 당당하게 선택하고 떳떳하게 책임을 진다. 꿈이 살아 있는 사람은 과거에 매여 살거나, 미래를 기대하며 현재를 등한시하는 삶을 살지 않는다. 그는 자기 자신이 설정한 삶의 방향을 기준으로 매 순간마다 값어치 있게 인생을 꾸려 나간다.

꿈은 출발점에 따라서 두 갈래 길로 나뉜다. 하나는 목표동기의 꿈이며 다른 하나는 목적동기의 꿈이다. 얼과 함께하는 꿈을 가진 사람은 목표동기보다는 목적동기의 길을 선택한다. 목적동기의 꿈은 내 안의 가치에서 출발한다면, 목표동기의 꿈은 내 밖에 설정된 도달점에서 출발한다. 목표동기의 삶은 엄밀하게 말하면 꿈이 없는 사람이다. 목표동기를 좇다 보면 외부환경에 따라 자신의 삶의 범위가 정해져 버리기 때문이다.

이러한 수동적인 구조는 결국 모든 일을 외부환경 탓으로 돌리게 한다. 기존의 패러다임은 목표동기에 삶의 초점이 맞추어져 있다. 예를 들면 아이가 자라서 유치원에 들어갈 때가 되면 부모들은 그 지역에서 괜찮다고 알려진 곳에 자녀를 입학시키려 한다. 유치원을 졸업하고 나면 인근 초등학교 중 괜찮은 학교를 선택해서 보낸다. 부모의 목표동기를 엿볼 수 있는 대목이다. 중학생 정도가 되면 부모들은 아이들에게 목표동기를 심어 주기 시작한다. 괜찮다고 알려진 고등학교를 목표로 정해 놓고 그 학교를 가기 위해서 열심히 공부하라고 가르친다. 목표동기에 익숙해진 고등학생은 대학을 목표로 삼아서 앞만 보고 열심히 공부한다. 대학생이 되면 직장의 꿈을 목표로 젖 먹던 힘까지 쏟으며 돌진한다. 취업을 했다면 승진을 목표로 좋아하지도 않는 소주를 억지로 마셔 가며 회사에서 주어진 목표달성을 위해 헌신한다.

그 다음은 100세의 시대, 노후준비를 목표로 열심히 돈을 벌어들인다. 이것이 목표동기의 꿈이며 삶이다. 목표동기의 꿈은 미래의 가치를 위해 현재의 가치를 보지 못하는 우를 범하기 쉽다. 목표동기의 삶은 자기희생을 요한다. 늘 현재보다는 그 다음 목표를 이루는 것이 꿈의 전부로 보이기 때문이다.

한편, 꿈과 직업을 혼동하는 경우도 많다. 특히 청소년들에게 꿈이 뭐냐고 물으면 대부분 직업을 이야기한다. 직업은 꿈을 이루기 위한 도구이다. 가령 어떤 사람에게 당신의 꿈이 뭐냐고 물었을 때 교사라고 답했다면 꿈이 있는 걸까? 교사는 직업이지, 꿈이라 말할 수 없다. 인성을 키우는 체육교사가 되고 싶다고 말했다면 꿈이 살아 있는 교사다. 교사가 되려는 목적이 분명히 정해져 있기 때문이다. 체육 교과목과 교사는 인성의 가치를 키워 나가는 도구인 것이다. 진로는 도구와 목적을 명확히 구분해서 이 둘을 균형 있게 가르쳐야 한다.

목적동기의 꿈이 서 있는 사람은 삶의 킹핀을 찾은 사람이다. 꿈이

서 있는 사람은 하루하루 살아야 하는 이유를 명확히 알고 있다. 유치원 때는 유치원생으로서 먹고 입고 자고 노는 법을 익히며 건강한 생활에 충실히 임한다. 초 · 중 · 고등학교 학생 때는 상급학교 진학을 위해서 사는 것이 아니라 교과서라는 도구를 통하여 꿈의 가치를 키우며 매 순간순간 즐겁게 살아간다. 대학시절에도 취업준비생이 아니라 자기에게 맞는 지적 역량을 키워 가며 인간과 사회와 자연에 대한 깨달음의 맛을 즐긴다. 사회에 나오면 남들이 보기에 좋다는 직업을 얻으려 애쓰지 않고 그동안 갈고 닦은 꿈의 역량을 발휘한다.

일은 내가 받은 것을 되돌려주는 신성한 의무다. 따라서 기꺼이 사회의 빈 곳을 찾아 채워 주며 인생의 기쁨을 누릴 권리가 있다. 꿈이 서 있는 사람은 에너지가 넘치며 심신이 건강하다. 반대로 꿈이 없거나 목표동기를 꿈으로 알고 있는 자는 아직 인생의 킹핀을 찾지 못한 사람이다. 그리고 외부환경에 쉽게 동요된다. 이런 사람은 일이 꼬이면 세상을 탓하며 쉽게 분노를 일으킨다.

북쪽의 큰 바다에 곤이라는 물고기가 있다.

곤의 크기는 얼마나 큰지, 등 길이가 몇천 리가 되는지 모른다.

그 물고기가 변하면 붕새가 된다. 붕새의 등 길이 또한 몇천 리가 되는지 알 수 없다. 있는 힘을 다해 붕새가 하늘로 솟구치면 날개는 마치 하늘을 드리운 구름처럼 된다.

이 새는 바닷물이 크게 일렁이면 그 바람을 타고 남쪽 바다로 날아간다. 남쪽 바다의 이름은 천지(天池)라고 한다.

공중에 떠다니는 아지랑이와 티끌들은 생물들이 불어 내는 입김이다.

하늘의 푸른빛은 원래 푸르기 때문에 푸른 걸까? 아니면 너무 멀어 끝이 없는 걸까?

붕새가 저 위에서 아래를 내려다볼 때에도 또한 세상은 아지랑이와 티끌 같을 것이다.

무릇 물이 깊게 괴지 않으면 큰 배를 띄울 수 없다. 예를 들어 마루의 움푹 패인 곳에 물을 한 잔 부으면 작은 풀잎은 떠서 배가 되지만, 여기다 잔을 놓으면 그냥 바닥에 붙는다. 물이 얕고 배가 크기 때문이다. 마찬가지로 바람이 두텁게 쌓이지 않으면 붕새의 큰 날개를 띄울 만한 힘이 없다. 붕새가 구만 리나 높이 날 수 있는 것은 구만 리 두께의 바람이 하늘 아래에 있기 때문이다. 그렇게 해야 붕새는 바람에 의지하여 푸른 하늘을 등에 업고 날아간다. 앞길을 가로막는 것이 하나도 없어야 비로소 남쪽 바다를 향해 나아갈 수 있는 것이다.

그런데 매미와 작은 비둘기가 이것을 비웃어 말했다.

"우리야 있는 힘을 다해 봤자 기껏 느릅나무나 박달나무 가지 위로 오를 수 있어. 어느 때는 거기도 오르지 못하고 땅에 떨어지기도 하지. 그런데 저 붕새란 놈은 왜 구만 리 꼭대기까지 일부러 올라가 남쪽으로 가려는 거야?"

가까운 들에 나가는 사람은 세 끼 밥만 챙겨 가지고 가도 배를 불릴 수 있다. 백 리 길을 가는 사람은 밤을 새워 방아를 찧고 그것으로 먹을 것을 마련해야 하고, 천 리 길을 가는 사람은 석 달 치의 먹을 것을 마련해야 한다. 이 두 벌레들이 무얼 알겠는가? 작은 지혜는 큰 지혜를 알지 못한다. 수명이 짧은 것은 수명이 긴 것을 모른다. 어떻게 그것을 알 수 있겠는가? 아침에 생겨났다가 햇빛을 보면 말라 죽는 조균이라는 버섯은 아침과 저녁을 아예 모르는 법이다. 쓰르라미 또한 봄과 가을이라는 것을 모르는데, 이것은 수명이 짧기 때문이다.

『장자』 맨 처음에 나오는 이야기다.

장자는 이 글에서 영혼의 자유를 꿈꾸는 사람은 현실의 변화를 잘 읽고 그 흐름을 잘 타야 한다고 말한다. 곤은 작은 물고기에 불과하지만 변화의 흐름을 타면 하늘을 뒤덮는 붕새가 된다. 붕새가 되려면 내공을 쌓아야 한다.

장자가 말하는 내공은 타인을 의식하는 겉모습, 겉치장, 겉지식이 아니다. 그는 내공은 눈을 크게 뜨고 현실을 직시하면서 변화를 일으키는 안과 밖의 에너지를 읽는 데서 길러진다고 말한다. 사람에게 변화를 일으키는 에너지는 꿈이다. 꿈은 허황된 미래의 이야기가 아니다. 꿈은 현실이다. 꿈은 분노의 예방과 치료제다.

주위를 둘러보면 남들이 겉으로 보기에 좋은 조건들은 갖추었는데도 불행한 삶을 사는 이들을 쉽게 찾아볼 수 있다. 그들의 공통점은 꿈의 결핍이다. 꿈의 결핍은 시간이 흐를수록 정서를 불안하게 한다. 인생이 별것 있느냐며 허세를 부려보지만 공허함을 채워 주지는 못한다. 이때의 불안은 사람이면 마땅히 갖추어야 할 삶의 방향과 가치를 찾으라는 신호이다. 이 신호를 무시하고 지나치면 다음에는 더 큰 외로움으로 찾아온다. 이 단계가 지나면 자신에 대한 분노와 세상에 대한 분노로 이어진다. 꿈은 개인뿐만이 아니라 주위 사람들에게도 긍정의 에너지를 준다. 꿈은 나이도 초월한다. 세월의 무게만큼 꿈은 깊고 넓고 아름답게 뻗어 나가는 속성이 있다. 꿈은 내 안의 가치이기 때문이다. 자신이 건강하면 병은 들어올 틈이 없다. 분노는 자신의 허점을 노린다.

5
화(火)는 사랑의 다른 이름이다

유난히도 길게 느껴진 겨울이 가고 새봄이 종종걸음으로 다가온다. 기분 좋은 환절기다. 겨울 내내 무겁게 걸치고 다녔던 롱코트를 벗고 가벼운 바바리코트로 바꾸어 입고 출근길에 올랐다. 계절의 변화는 사람의 기분도 움직인다. 가벼워진 옷차림만큼 거리의 모습도 생기가 느껴지고 행인들의 발걸음도 신나 보인다. 이런 날은 지하철 분위기도 산뜻한 봄 향기를 안고 맞아 준다. 평소에 지하철은 조용한 곳이길 바라지만 이런 날에는 비발디의 「사계 봄」이라도 흘러나왔으면 하는 바람이다. 기분 좋은 하루를 상상하며 즐기고 있을 때 지하철 기관사의 조급하고 약간은 짜증 섞인 솔(sol) 톤의 목소리가 반복적으로 흘러나왔다.

"지금 춥다는 민원과 덥다는 민원이 동시에 계속해서 들어오고 있습니다. 자제해 주세요!"

세 번 정도 반복해서 울려 퍼지니 들뜬 기분은 어느새 일상으로 돌아오고 있음을 감지할 수 있었다. 기분(氣分)은 변덕쟁이다. 좋다가도 싫고 싫다가도 좋다. 조금만 더워도 싫고 조금만 추워도 싫다. 기분은 '기운(氣)을 나눈다(分)'는 뜻이다. 기(氣)의 순환이 원활하면 기분이 좋고 기의 순환이 순조롭지 못하면 기분이 나쁘다. 기분을 잘 알아차리고 적절하게 조절하는 사람은 지혜로운 사람이다. 나빠진 기분을 방치하면 화로 발전한다. 화는 기가 막힌 곳을 열을 가해 뚫으려는 움직임이다. 화가 느껴지면 막힌 기가 잘 타도록 도와야 한다. 그 화를 방치하게 되면 화상(火傷)을 입게 된다. 일명 화병(火病)이다. 1도 화상은 분노발생의 단계다. 2도 화상은 분노성장의 단계다. 3도 화상은 분노폭발의 단계다. 육체의 화상은 전염되지 않는다. 그러나 화병(火病)은 특급 전염병이다. 화병을 앓고 있는 본인뿐만이 아니라 주위 사람과 불특정 다수에게까지 나쁜 기운(氣)을 나누기(分) 때문이다.

전통적으로 화는 부정적인 개념으로 인식되었다. 그래서 화는 나오지 않도록 억제나 통제, 심하면 금지의 대상이 되기도 했다. 그러다가 화병의 일종인 스트레스 개념이 발생하면서 화는 스트레스와 함께 내다 버리는 것으로 치부되기 시작했다. 화는 내다 버려야 할 쓰레기가 아니다. 결론부터 말하면 화는 사랑의 다른 신호다. 화는 관계 맺기의 신호체계일 뿐이다. 마치 몸이 아프면 통증으로 알리듯이 사람과 사람의 사이가 나빠지면 화는 전령처럼 나타나는 것이다. 즉, 나와 대상 사이의 관계가 원만하면 화는 나타나지 않는다. 그러다가 사이가 나빠지려는 조짐이 보이면 금세 알아차리고 화는 올라오기 시작한다. 소통의 달인은 화를 잘 관찰하고 적절하게 조치하는 사람이다. 화는 나와 무관한 대상에게는 발생하지 않는다. 나와 가까이에서 더 많은 사랑을 주고받아야 할 대상일수록 화는 더 가까이 자주 나타나는 법이다. 조물주는 인간에게 사랑의 병과 약을 동시에 선물한 셈이다. 이 얼마나 감탄스러운 일인가.

그렇다면 화(火)의 존재 이유는 무엇일까? 화는 인간에게 사랑을 일깨워 주는 전령의 역할을 한다. 사랑은 관계 맺는 두 대상 사이에 주고받는 행위다. 어느 한쪽이 넘치거나 부족하면 사랑은 금이 가기 시작한다. 이때 화는 사랑에 금이 가지 않도록 하나 된 마음을 향하여 자신을 불사른다. 관계 맺기의 중심을 유지하는 것, 그것은 사람다움의 완성이다. 즉, 사람은 관계 맺기를 통하여 사람다움이 갖추어지는 것이다. 완전한 사랑은 쉽지 않기에 사랑은 눈물의 씨앗이며, 그 결실은 행복으로 되돌아온다. 화는 단편적으로 보면 현상적으로 드러나는 성격이나 태도 때문에 발생하는 것처럼 보인다.

그러나 그 뿌리는 사람으로서 갖추어야 할 인간 본성의 기본 요소가 결핍되었을 때 나타나는 것이다. 가령 친구와 시간 약속을 하였는데 반복적으로 늦게 나오면 대개 화가 올라온다. 표면적으로 보면 약속을 지키지 않은 태도에서 화가 올라온 것처럼 보인다. 그러나 화(火)의 본질은 그 친구의 불성실과 무례함이다. 즉, 내가 좋아하는 친구에게서 성실하지 못함과 예의가 없다는 사실이 발견된 것이다. 서로 무시하고 관계를 맺어갈 수도 있지만 화는 좀처럼 사라지지 않는다. 물론 이때 그 친구에게 충고를 하여 결핍의 요소가 채워졌다면 화는 사라지고 우정은 지속될 것이다. 반대로 그 친구에게 싫은 소리를 하기 귀찮아서 내버려 두거나 충고를 했는데도 결핍의 요소가 채워지지 않는다면 진정한 우정을 쌓아가기란 어려울 것이다.

화(火)를 알고 분노를 다스리려면 인간 본성의 기본요소를 잘 알아야 한다. 그것은 분노와 화를 풀어가는 진단의 기준이기 때문이다. 대개 화를 진단할 기준을 잘 모르기 때문에 순간을 모면하거나 회피하는 대처법을 찾게 된다. 그러나 진단에 근거한 인성의 근력을 기르지 않는 한, 화의 대상에게 근본적인 용서나 화해는 일어나지 않는다.

화가 발생하면 나와 대상의 인성요소를 관찰해서 어느 쪽에 어느 인성요소에 문제가 있었는지를 점검하고, 그 요소를 근거로 상호 이해와 합의를 구해야 화의 감정이 쌓이지 않는다. 화의 감정이 쌓이게 되면 독기(毒氣)로 발전한다. 독기는 만병의 근원이다. 독기의 예방과 치료는 육체적인 운동을 통하여 건강을 유지하듯이 인성운동을 통하여 기분을 좋게 유지하는 방법이다. 인성운동은 인성키워드가 교과서요, 화가 교사다. 화가 올라올 때마다 화의 발생 과정과 소멸의 프로세스를 눈을 부릅뜨고 지켜보면서 나의 인성을 깨닫고 인성의 근육을 기르는 지혜가 필요하다. 인간이 갖추어야 할 인성요소는 일일이 열거하기 어려울 정도로 많다. 이 책에서는 일상에서 범용할 수 있는 15가지 인성요소를 바탕으로 분노 유형을 소개할 것이다.

사람의 몸과 마음은 알면 알수록 신비롭다. 기분 좋은 삶을 살아가기 위해서는 몸의 소리와 마음의 소리를 잘 들어야 한다. 사실 몸의 소리와 마음의 소리는 서로 별개가 아니다. 이 둘을 갈라놓는 순간 자연본성의 소리는 들리지 않는다. 기는 육체와 정신을 하나로 설명할 수 있는 개념이다. 기는 서로를 살리려는 속성을 가지고 있다. 따라서 우리는 기의 소리를 잘 들어야 한다. 기분(氣分)의 소리, 감기(感氣)의 소리, 화기(火氣)의 소리, 독기(毒氣)의 소리, 생기(生氣)의 소리, 활기(活氣)의 소리, 객기(客氣)의 소리, 정기(精氣)의 소리에 귀 기울여야 한다. 기는 소통의 스승이다.

•제2장•

분노[火]를 발견하다

분노조절 2단계는 분노발견이다. 1단계에서 분노를 포착하였다면 2단계는 분노의 실체를 발견해 내는 것이다. 분노는 정서의 신호다. 그 신호를 예민하게 보고 추적하다 보면 분노의 출발점을 알게 된다. 분노의 원인은 사람에게 있다. 나와 가까이에서 관계 맺는 대상, 그 사이에 있다. 분노는 늘 가까이에서 함께하는 사람 사이에 있기 때문에 찾기가 더 어렵다. 그러나 분노의 원인은 나와 대상 사이에 있기에 반드시 찾아내야 한다. 분노는 건강한 관계를 위한 통증이다. 그 통증을 관찰하고 진단하는 것이 분노의 발견이다. 분노의 통증이 느껴지면 15개 분노 유형을 참고하여 분노주체와 객체의 분노패턴을 발견해야 한다. 대표적인 분노 유형에는 不성실형, 不인내형, 不성찰형, 不정직형, 不여유형, 不개성형, 不도전형, 不관찰형, 不몰입형, 不상통형, 不협력형, 不정의형, 不나눔형, 不예의형, 不포용형 등이 있다. 분노발견은 분노 공부의 방향이다.

1
不성실
분노 유형

●● 토요일이 되면 직장인들은 마음이 여유로워진다. 다음날까지 풀어져도 된다는 심리적 안도감이 생기기 때문이다. 토요일 오전, 나는 평일보다 조금 늦은 시간에 가족들과 함께 아침을 먹고 나서 느긋하게 커피 타임을 가질 때였다.

갑자기 휴대폰 문자메시지가 울렸다. 열어 보니 성인오락게임 스팸 메시지였다. 평소 게임은 알지도, 하지도 않았던 내가 그날은 뭐가 씌었나 싶을 정도로 무심결에 확인버튼을 눌렀다. 순간 화려한 그림과 함께 무료체험 안내문구가 팡팡 터졌다. 호기심에 성인 인증 확인을 위한 절차라며 주민번호를 넣으라고 해서 시키는 대로 고분고분 따라했다. 처음 들어가 보니 적응이 되지 않아서 복잡하고 혼란스러웠다. 약 10초나 흘렀을까. 나의 취미가 될 수 없다 판단하고 바로 빠져나왔다. 그때 옆에 앉아 있던 아내가 무슨 메시지냐고 물었다. 스팸인데 궁금해서 잠깐 확인했다고 하니 아내는 내용이 무엇이었냐고 다시 물었다. 성인게임인데 별것도 아닌데 주민번호를 요구한다며 투덜대듯 말을 했다. 그랬더니 아내는 스마트폰 앱에 주민등록번호를 넣으면 요즘 같은 세상에 무슨 일을 어떻게 당할지 알고 그런 행동을 했느냐며 버럭 화를 냈다. 순간에 벌어진 일이라 얼떨떨했다. 아내의 말을 듣고 나니 찜찜했다. 휴대폰을 다시 열어 위아래를 꼼꼼히 살펴보니 하단 구석에 이용 약관이 있었는데 무료체험 3일 후부터는 고객의 취소가 없으면 유료로 전환된다는 문구가 적혀 있었다. 아차, 싶어서 컴퓨터를 켜고 그 사이트를 들어가 보았다. 사이트 아래에 주소와 전화번호는 있는데, 취소할 수 있는 카테고리가 없었다. 바로 수화기를 들고 통화를 시도했지만 수화기를 내려놓은 신호음만 나왔다.

아내의 직감이 맞았다. 우선 이동통신사에 소액결제 중지 요청을 신청하려고 연락을 취했다. 한참을 기다려 연결이 되었는데 토요일과 일요일은 해당 업무를 볼 수 없으니 월요일에 다시 연락하라는 대답이다. 부당한 결제의 문제인데 이런 사항은 휴일에도 처리해 주어야 하지 않겠느냐고 따졌지만 본인의 업무사항이 아니니 죄송하다는 말만 반복했다. 그래서 이번에는 사이버경찰서에 연락을 취했다. 그랬더니 그런 내용은 주소가 있으면 직접 처리하거나 방송통신위원회에 연락해 보라는 것이다. 할 수 없이 그 쪽으로 연락을 해 보니 역시 휴일에는 업무를 보지 않는다는 음성만 흘러나왔다. 분노가 올라오기 시작했다.

위 사례는 분노 유형 가운데 '不성실 분노 유형'에 해당한다.

어느 쪽이든 성실하지 못하면 분노가 일어난다. 아내가 버럭 화를 냈던 것은 나의 생각 없음에 대한 불성실이다. 작은 실수이고 그냥 지나칠 수 있는 일이지만 생각해 보면 사소한 일이 아니었다. 이런 상황에서 사소한 것이라고 무시하고 지나쳤거나 좋은 게 좋은 거라며 지나쳤다면 아내 역시 불성실이다. 상대방의 불성실을 보면 즉시 알려야 한다. 그렇게 자극을 주어야 긴장을 하고 성실을 유지할 수 있다.

고객의 입장에서 보면 이동통신사 역시 불성실했다. 결제서비스 같은 문제는 휴일이라도 업무를 보는 게 정상이다. 사기성 상술은 이동통신사의 그러한 약점을 역이용했다는 생각이 들었다. 방송통신위원회도 불성실했다. 대개 이러한 사기성 문제는 야간이나 휴일에 더 많이 발생한다. 그러한 특성을 고려하여 업무배치를 하는 것이 맞다. 여기서 가장 불성실한 대상은 성인게임업자다. 상거래는 계약이 생명이다. 약관 동의 과정도 없었고 정당한 계약이 아니면 취소할 수 있는 기회라도 주었어야 하는데, 원천적으로 봉쇄를 했으니 이것은 엄밀히 말하면 준사기다. 이처럼 불성실은 모두에게 피해를 주기 때문에 그것을 발견하고 예방과 치료를 할 수 있도록 분노는 자신의 본분인 성실(誠實)의 역할을 다한다.

성실은 정성을 다해 결실을 맺는 것을 말한다. 성실은 근면과 다르다. 근면은 '주어진 일에 매진하는 행위' 자체를 일컫는다. 그러나 성실은 '그 일의 목적을 알고 정성을 다해서 결실을 이루는 것'까지를 포함하는 말이다.

위의 사례에서 이동통신사 직원은 근면했다. 그러나 성실하지는 않았다. 고객의 불만을 최소화하기 위해 노력하는 모습은 조금도 찾아볼 수 없었다. 죄송하다는 립서비스만 반복했을 뿐, 소비자가 무엇을 고민하고 있는지, 이런 상황이라면 응급대응을 어떻게 해야 하는지, 아니면 연락처라도 남겨 두면 월요일에 담당사에게 전해 주겠다든지 등등 소비자의 입장을 고려해 보려는 태도는 보이지 않았다. 물론 통신사의 입장에서 보면, 휴일에 근무할 직원을 더 채용해야 하고 소비자의 부주의로 인한 사소한 문제까지 일일이 신경 써야 한다면 너무 많은 것을 원한다고 생각할 수도 있을 것이다.

하지만 앞에서도 언급했듯이 결제 문제는 마치 병원에서 응급실을 운영하는 것과 같은 성격을 띤다. 사이버경찰서도 근면했을지는 모르나 성실하지는 않았다. 방송통신위원회가 휴일에는 업무를 보지 않는다는 것을 알았든 몰랐든 국민의 불편함을 해소할 수 있는 고민의 여지가 전혀 없었다. 사업자 역시 돈을 벌기 위해서 다양한 머리를 쓰느라 땀 흘렸지만 성실하다고 말할 수는 없을 것이다. 결국 인터넷 사이트의 상거래에 대한 불신만 키워 스스로 자기사업장의 범위를 좁혀 나가는 꼴이 되었다.

분노의 상당 부분은 '不성실 분노 유형'에 속한다. 성실은 모든 인간관계의 기본이기 때문이다. 분노의 원인이 불성실에서 비롯되고 그렇게 판단이 되면 분노의 주체와 객체를 둘러싼 불성실의 모습들을 구체적으로 들추어 꺼내야 한다. 그 순간은 불쾌할지 모르지만 결과적으로는 그것들이 서로의 좋은 관계를 지속적으로 유지시켜 준다.

자로가 말했다

"군자는 용기를 숭상합니까?"

공자가 대답했다.

"군자는 의(義)를 으뜸으로 삼는다. 군자가 용기만 있고 의가 없으면 반란을 일으키고, 소인이 용기만 있고 의가 없으면 도둑질을 하게 된다."

『논어』'양화 편'에 나오는 말이다.

여기서 용기는 근면에 가깝고 의는 성실에 가깝다. 용기가 중요한 덕목인 것은 사실이지만 의가 뒷받침되지 않으면 나쁜 길로 빠질 수 있다는 이야기다. 반란을 일으키고 도둑질을 하는 것은 분노의 폭발 모습이다.

우리 사회에서는 근면과 성실을 명확하게 구분해서 사용하지는 않는 듯하다. 사실 기존 사회에서 근면은 크나큰 미덕으로 여겨왔다. 그 대표적인 예가 학창시절의 개근상의 가치이다. 6년간, 3년간 하루도 빠지지 않고 학교에 나가는 것은 쉬운 일이 아니니다. 인간인지라 아플 수도 있고 각종 크고 작은 가족 행사가 있을 수도 있을 텐데 다 뿌리치고 그 기간을 채워 나갔던 것은 아마도 우리 사회의 근면 분위기가 한몫하지 않았을까? 어쨌든 목적이 결여된 근면과 용기는 분노를 발생할 수 있는 여지가 있다는 것은 명심해야 한다.

성실한 삶은 사람다움의 출발이다. 우주만물은 모두 저마다 존재이유가 있다. 식물은 식물대로, 동물은 동물대로 그 본연의 역할을 충실히 수행하고 있다. 그 역할을 다하지 못할 때 수명을 다하는 것이다. 사람도 마찬가지다. 정신을 똑바로 차리고 그때그때 마다 주어진 자기소임을 명확하게 알아차리고 그것의 목적에 맞게 행동해야 한다. 본연의 목적을 상실할 우려가 있을 때 분노는 끼어든다. 성실하면 분노가 들어설 자리는 그만큼 줄어들 것이다.

2

不인내
분노 유형

●● 월요일은 심신이 뻐근하다. 휴일 동안 풀어져 있었던 몸과 마음이 다시 긴장을 하기 때문일 것이다. 얼마 전 오전에 문화센터에서 정규강의가 있었는데, 다른 요일보다 눈에 띄게 지각생이 많았다. 수강생 중에 고정적으로 30분쯤 늦게 등장하는 분이 있는데, 미안해서인지 커피를 사오셨다. 나는 커피를 좋아하거나 즐겨 마시는 편은 아니지만, 뻐근한 날 휴식시간에는 커피의 달콤함에 한 잔 마시게 된다.

강의를 마치고 그날은 오후 일정이 빠듯해서 점심 때 업무미팅 하나를 잡았다. 처음 만나는 사람과의 식사 자리 미팅은 아무래도 약간의 긴장과 함께 부담이 느껴지기도 한다. 식사를 마치고 업무 이야기가 마무리 단계로 접어드는데, 상대방이 먼저 일어서서 커피를 뽑아다 주며 예의를 갖추었다. 점심 메뉴는 육개장이었는데 매콤한 뒷맛이 남아 있을 때 커피를 보니 얼른 손에 잡혔다.

오후 3시쯤 또 다른 미팅 건으로 시내 쪽에 있는 사무실을 방문했다. 그 사무실은 여성분들이 많이 근무해서인지 사무실 문을 열자마자 커피향이 풍겼다. 미팅 담당자는 무슨 차를 마실 거냐고 물으며 방금 내린 원두커피를 권유했다. 분위기가 마셔 주어야 좋을 듯했다. 오케이를 하고 업무 이야기를 하는데, 커다란 머그잔에 가득 담긴 커피가 도착했다. 은은한 커피향과 함께 넉넉한 인심이 느껴졌다. 오늘은 커피와 인연이 많은 날인가 보다 생각하고 퇴근을 했다. 여느 때와 마찬가지로 저녁을 먹고 휴식 후 잠을 청했는데 잠깐 졸리더니 새벽 2시쯤 되니 정신이 또렷해지기 시작했다.

사실, 나는 오후 2시 이후에 커피를 마시면 밤새 뒤척거려 다음날 업무에 지장을 준다는 것을 잘 알고 있었다. 그럴 때마다 조심하리라 다짐을 하지만 번번이 약속을 어긴다. 그때마다 이런 나 자신에게 분노가 올라온다.

위의 사례는 분노 유형 가운데 '不인내 분노 유형'에 해당한다.

사람은 인내가 부족해도 분노가 발생한다. 인내하는 마음 역시 한 인간이 갖추어야 할 매우 중요한 덕목이다. 여기서 말하는 인내는 욕구를 억누르는 단순한 통제, 억제, 절제 행위와는 다르다. 인내는 선택이다. 어떤 상황에서 내가 그 가치를 적극적으로 선택한 것이지, 강요당한 것은 아니다. 인내는 내면의 가치선택으로 보아야 긍정적으로 길러지고 사용된다. 자기선택이 아닌 강요라고 생각하면 분노를 키우게 된다. 가령 동일한 물구나무서기 행동을 하더라도 운동으로 하느냐, 벌 받는 행위로 하느냐는 다르다. 운동은 내가 선택해서 내 힘을 키우기 위해서 하기 때문에 긍정적인 에너지가 생긴다. 반면에 벌은 외부의 강압에 의한 수동적인 태도로 출발하기 때문에 부정적인 에너지가 분출된다. 따라서 기존의 통념대로 무조건 참는 것은 분노를 키울 수 있다는 점을 명심해야 한다.

위의 사례에서 나는 커피를 내가 선택한 것이지, 누구에게 강요받은 바는 없다. 여기서 분노대상은 외부환경이 아니라 내 선택 의지이다.

사무실을 방문해서 차를 주문했을 때 정중하게 커피 대신 다른 차를 선택해야 했다. 그 선택 의지가 오류를 범했기 때문에 분노라는 신호를 통하여 그 부분을 잘 챙기라고 알려 주는 것이다.

대한민국이 유독 분노가 많은 이유 가운데 하나는 정중한 거절문화가 통하지 않는 데 있다. 특히 직장이나 친구 사이 술자리에서 무리한 술과 담배의 권유나 2차, 3차 권유 등에서 정중한 거절은 친하지 않음으로 비추어지는 경향이 있다. 이유 있는 정당한 거절은 인내의 시작이다. 인내는 건강한 선택의지를 기르는 즐거움이다. 인내의 근력이 강해지면 그만큼 삶의 선택의 폭이 넓어진다. 과학문명의 이기가 발달할수록 사람들은 인내의 기회를 잃게 된다. 조금만 불편해도 문명의 손에 몸을 맡긴다. 생각이 단조로워지고 쉽게 날카로워진다. 분노는 이 틈새를 비집고 들어와 둥지를 튼다.

> 남을 아는 것이 지혜라고 한다면, 자기를 아는 것은 밝음이다.
> 남을 이기는 것을 힘 있음이라고 한다면, 자기를 이기는 것을 진실로 강함이라고 한다.
> 족함을 아는 자는 부유하고, 힘써 행하는 자는 뜻이 있는 자이다.
> 자기 자리를 잃지 않는 자는 영원하고, 죽어도 멸망하지 않는 자는 장수한다.

노자의 『도덕경』 33장이다.

여기서 절제는 지혜에 가깝고 인내는 자기를 이기는 밝음에 가깝다.

남을 이기는 힘 있음은 억제에 가깝고 인내는 자기를 이기는 강함에 가깝다. 유혹이 많은 세상이다. 노자의 말대로 작은 것에도 만족함을 알고, 필요 이상의 욕구보다는 자연본성을 지킬 수 있는 뜻을 선택하는 힘이 필요하다. 게으름을 피우면 분노는 금방 알아차린다. 인내의 영역을 넓혀 분노가 끼어들지 못하도록 자기 자신을 스스로 지키는 지혜가 필요하다.

3

不성찰
분노 유형

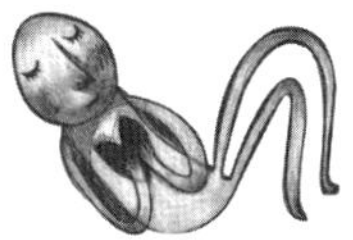

●● 분노조절 주제로 강의를 다니다 보면, 분노의 크기는 살아온 세월과 무관하다는 것을 느낄때가 많다. 지방에서 만난 20대 후반으로 보이는 한 청년의 안타까운 이야기다.

그는 고등학교 교사로, 학생들을 가르치는 일은 자신이 있고 또 열심히 살고자 스스로 다양한 노력을 많이 해서 주위에서도 근면성실하다는 평을 많이 듣는다고 한다. 그런데 정서장애가 있어서 늘 불안하고 사람들과의 대인관계에 불안을 느낀다는 것이다. 특히 학생들의 개인적인 생활지도니 상담지도가 가장 어렵다고 하소연하였다. 너무 힘들어서 정신과 병원에도 여러 차례 찾아간 경력이 있다고 한다. 그때마다 정서장애의 원인은 어렸을 때 부모님의 사랑을 제대로 받지 못해 무의식 속에 잠복해 있는 애정결핍의 욕구가 문제라는 처방이 내려졌다. 그러나 딱히 그 증세가 호전

되지 않아서 시간이 갈수록 초초해지고 고민의 수위도 높아진다는 사연이었다. 그는 강의시간 내내 가만히 앉아 있기조차도 힘들어 하는 모습이었다. 그의 눈빛은 분노로 가득 차 있었다.

위의 사례는 분노 유형 가운데 '不성찰 분노 유형'에 해당한다.

성찰의 능력이 떨어지면 분노는 신호를 보내 준다. 성찰은 사람다움의 향기를 만드는 핵심요소다. 성찰은 자기 체크다. 컴퓨터 스위치를 넣으면 시스템을 점검하는 것과 같다. 성찰의 시점은 항상 현재다. 오늘의 시점에서 과거와 미래를 점검해야 한다. 그 시점을 놓치면 성찰이 아니라 여행이다. 성찰과 여행은 다르다. 성찰은 '지금', '여기', '나'라고 하는 현실의 기준이 명확하다. 그러나 여행은 그 현실을 떠나는 것이 목적이다.

우리 주위를 살펴보면, 과거에 머물러 사는 사람이 있는가 하면 미래에 머물러 사는 사람이 있다. 흔히 "나는 왕년에 이런 사람이었다."라든지 "나는 미래에 이런 사람이 될 거야."를 마치 현재처럼 이야기하고 사는 사람들이 있다. 물론 사람은 과거와 현재와 미래를 자유롭게 여행할 수 있는 존재다. 그것이 인간에게 주어진 특권인 것은 분명하지만 잘못 사용하면 엄청난 고통이 될 수도 있다. 성찰은 그 여행을 통하여 과거나 미래에 사로잡혀 있는 이끼들을 제거하는 행위다. 여행은 현실을 등지려고 떠나는 것이 아니라, 현실 밖에서 현실을 더 잘 보고 더 충실하게 살기 위해서 떠나는 것이다.

위 사례의 청년은 과거로의 여행을 너무 자주, 습관적으로 떠나는 사람이다. 그것이 만성이 되면 여행인지, 일상인지 구분이 되지 않는다. 청년은 지금 5~6세가 아니다. 유아기 청소년기를 지나 어엿한 청년이다. 더구나 청소년을 바르게 교육해야 할 교사라는 신분이다. 성찰의 근력을 키우는 것이 대안이다. 지리하고 힘든 여행이 되겠지만 과거에 치우쳐 있는 소모적인 에너지를 현재로 옮겨 와야 한다. 냉정하게 말하면 그 몫은 전적으로 본인에게 달려 있다. 그동안 성찰을 게을리했기 때문이다. 과거 성장과정에서 부모가 구체적으로 어떠한 고통과 분노를 주었는지는 잘 모른다. 그러나 현재의 조건이라면 다시 일어설 수 있는 기회는 주어져 있다고 생각한다.

특히 교사라는 직업은 자기성찰에 최적의 직업이다. 학생들을 보면서 자기의 과거를 객관적으로 볼 수 있다. 또한 자기가 받지 못한 사랑을 청소년들에게 나누어 줄 수 있다. 그것이 분노조절이고, 힐링이며 터닝의 길이다.

공자가 말했다.
"군자는 성찰해야 할 것이 아홉 가지 있다.
볼 때는 분명하게 보기를 살피고, 들을 때는 똑똑하게 듣기를 살피고, 표정은 온화하게 할 것을 살피며, 용모는 공손하기를 살피고, 말할 때 성실할 것과 일할 때 신중할 것을 살피고, 의심날 때는 물을 것을 살피고, 화가 날 때는 그 결과로 인한 어려움을 살피며, 얻는 것이 있으면 의로운 것인가를 살펴야 한다."

공자의 『논어』 '계씨 편'에 나오는 내용이다.

컴퓨터를 사용하면서 종종 바이러스를 체크하듯이 사람은 때때로 성찰을 해야 한다. 성찰에 게으름을 피우면 현재의 에너지를 과거와 미래로 분산시키는 이끼가 끼게 된다.

보되 분명하게 보라는 것은 현실을 직시하라는 말이다. 듣되 똑똑하게 들으라는 말은 현재의 시점에서 내 것인지 아닌지를 구분해서 들으라는 말이다. 표정을 온화하게 하라는 말은 에너지를 현재에 집중하라는 말이다. 용모를 공손히 하라는 이야기는 항상 성찰에 긴장을 놓지 말라는 이야기다. 말을 성실하게 하라는 것은 과거와 미래에 쏠린 허황된 이야기를 하지 말고 지금의 이야기를 하라는 이야기다. 일할 때 신중을 기하라는 것은 성찰의 부재로 야기될 수 있는 문제를 충분히 검토하면서 일을 추진하라는 이야기다. 의심날 때 물으라는 것은 나의 위치가 정확하게 기준을 잘 잡고 있는지 늘 확인하라는 말이다. 화가 날 때 그 결과로 인한 어려움을 살피라는 것은 객기(客氣)에 휘둘리지 말고 현실을 냉철하게 지키라는 말이다. 얻는 것이 있으면 의로운 것인지를 살피라는 것은 거래의 앞뒤전후를 꼼꼼히 따져 보라는 이야기다.

사람이 사람답게 살기란 쉬운 일이 아니다. 그래서 늘 살피고 또 다시 살펴야 한다. 그래도 사람인지라 살피는 부분을 놓치는 경우가 있다. 그때 분노는 빨간 경고등을 켜서 다시 한 번 살펴보라 신호를 보낸다. 성찰도 연습이다. 반복해서 연습을 많이 하다 보면 성찰의 근력은 더욱 커져서 더 쉽게 깊고 넓은 살피는 힘이 생긴다. 성찰은 자기 자신뿐만이 아니라 관계 맺는 모든 사람들에게 사람의 향기를 나누는 성실한 의무다.

4
不정직
분노 유형

대한민국에 살면서 힘든 것 가운데 하나가 자식 문제다. 오죽하면 무자식이 상팔자라는 말이 회자되겠는가. 요즘은 맞벌이 가정이 일반화되면서 태어나자마자 육아 문제로 고민을 해야 한다. 정부에서 지원금을 준다고는 하지만 어느 곳에서 누구 손에 키울 것인지 답 내리기가 쉽지는 않다. 유치원에 들어가도 신경이 쓰이는 것은 마찬가지다. 다른 아이들과 적응은 잘하는지, 먹는 것은 잘 챙겨 주는지 늘 걱정이다. 초등학교 때부터는 본격적으로 챙겨야 한다. 특히 담임을 잘 만나야 그래도 안심이 된다. 초등학교 출발을 어떻게 하느냐에 따라서 이후 학교생활에 영향을 끼친다는 속설에 긴장은 더욱 높아진다. 아이의 과제는 부모의 과제로 이어지고, 학교행사나 급식당번 등 간간히 학교를 찾아야 하는 것도 부담이다. 중학교에 들어가면 본격적인 전쟁이 시작된다. 소위 사춘기라 하여 사사건건 부모와 반대의 길을 고집한다.

또한 학교폭력 등 친구들과의 관계에서도 마찰은 마찬가지다. 그리고 아직 예비적이지만 대학교 입시준비도 서서히 갖추어야 한다. 고등학생이 되면 부모는 모든 일정을 학생에게 맞추어야 한다. 대학교를 잘 보내느냐, 그렇지 못하느냐가 부모의 평가기준이 되기 때문이다. 이쯤 되면 부모 역량에 따라 빈부차가 나누어지기 시작한다. 기본적인 정보

수집조차 어려워하는 부모부터 입시전략가 빰칠 정도로 고단수 부모까지 그 층이 다양하다. 어느 위치에 서는 것이 바른 길인지 헷갈린다. 주위에서 부러워할 대학에 골인한다. 감독과 코치와 선수가 혼연일체가 되어 어우러진 작품이다. 이제 대학도 보냈으니 해방이다. 그런데 그 해방의 기쁨도 오래 가지 않는다. 대학을 졸업하고 나면 취업이 걱정이다. 요즘 취업하기는 그야말로 하늘에서 별 따기만큼이나 어렵다. 이런 과정은 그야말로 인성수련 코스다.

●● 50대 중반의 어느 여성 이야기다. 아들은 중고등학교 시절 학업성적이 매우 우수하여 부모와 학교의 권유로 명문대 법대에 진학했다. 대학시절에도 모범생 역할을 톡톡히 하였고 장학금도 여러 차례 받아서 주위에서 부러움의 대상이었다. 하지만 대학 졸업 후 취업 준비과정에서 문제가 불거지기 시작했다. 아들은 원래 고등학교 때부터 음악을 하고 싶어했다. 그러나 주위 분위기가 워낙 강세여서 감히 말을 꺼내지도 못하고 대학생이 되면 틈을 보아서 그 길로 나가려 했다는 것이다.

아버지는 아들의 이러한 모습을 못마땅해하면서 이렇게 취업하나 제대로 하지 못하게 된 것은 정신상태가 문제라며 만나기만 하면 잔소리를 하며 분노의 씨를 뿌렸다. 요즘에 와서는 아들의 그런 태도는 엄마가 잘못 가르쳐서 그렇다며 분노의 화살이 엄마에게까지 날아오고 있어 괴롭다는 것이다. 대강의 내용만 정리해도 대한민국 국민들은 쉽게 공감하는 이야기일 것이다. 정도의 차이만 있을 뿐 우리네 부모들이 살아가는 일반적인 패턴이다.

위 사례는 분노 유형 가운데 '不정직 분노 유형'에 해당한다.

정직하지 못하면 분노는 참지 않고 신호를 보낸다. 정직(正直)은 바르고 곧은길을 말한다. 무엇이 바르고 곧은 것일까? 그것은 초심이며 원칙이며 양심이다. 오늘날 정직하게 사는 것은 손해라는 인식이 일반적이다. 그러나 사회적 통념이 항상 이익을 가져다주는 것은 아니다. 정직은 모두를 살리는 기준이다. 머릿속에만 그리고 있는 정직은 완성된 정직의 모습이 아니다. 정직도 물건처럼 일상생활에서 사용해 보아야 내 것이 되고 그 힘이 무엇인지 판단할 수 있다.

한편, 정직의 소극적인 형태는 '남을 속이지 않는 것'이다. 자기의 이익을 유리하게 이끌기 위한 의도로 상대를 속이는 것은 정직하지 못한 행위다. 보다 적극적인 정직의 형태는 현실의 무지(無知)를 직시하고 본질적인 가치를 지켜가는 행위다.

위의 사례 가정은 특히 적극적인 정직을 실천하지 못한 분노현상이다. 부모라면 마땅히 아들의 진로에 귀 기울여 주고 격려해 주는 것이 정직한 모습이다. 교사도 마찬가지다. 제자가 행복한 삶을 살 수 있는 길이 무엇인지 진지하게 의논해 주는 것이 정직한 모습이다. 아들도 정직하지 못했다. 양심의 소리에서 들려오는 가슴 뛰는 꿈의 소리를 논의할 타이밍을 놓쳤기 때문이다. 조금 늦기는 했지만 지금부터라도 정직을 기준으로 새 출발하는 것이 가장 빠른 길이다. 양심의 소리는 거역할 수 없다. 스스로를 속일 수 없는 것이다. 사오십 대에 진로를 터닝하는 경우도 종종 있다. 정직이 '바르고 곧은길'이라고 한 것은 이 길이 인생에서 가장 지름길이기 때문이다.

사실 악(惡)보다 더 경멸당할 것은 없는데도, 나는 경멸당하지 않으려고 더욱더 많은 악행을 저질렀습니다. 내가 친구들보다 더 많은 악행을 자행하지는 않았지만, 종종 내가 하지 않은 일도 한 척하기도 했습니다. 순진함이 겁쟁이로, 순결함이 유약함으로 비칠까 두려웠기 때문입니다. 내가 바빌론의 거리를 헤맬 때 만났던 친구들이 바로 이러한 사람들입니다. 나는 마치 그것이 값진 기름과 향료인 양 진흙탕 속에서 굴렀습니다. 보이지 않는 나의 적은 내가 유혹하기 쉬운 미끼라고 생각했던지, 나를 발로 차면서 유혹하여 죄의 깊은 심연 속으로 빨려들게 했습니다.

바빌론의 중심에서 벗어나 가장자리에 선 나의 어머니는 나에게 동정을 지키라면서, 아버지가 나에 대해 한 말에 개의치 않았습니다. 훗날 위험한 질병에 내가 심각하게 감염되었음을 나의 어머니는 이미 알았는데도 또한 내 열정이 그리 쉽게 식지 않을 줄 짐작했기에, 결혼이라는 구속으로 굳이 그 열정을 제한하려 하지 않았습니다. 결혼이라는 구속이 나의 삶이 아니라 나의 장래에 방해가 될지도 모른다는 것 때문이었습니다.

어머니의 희망은 내세 때문이 아니라 내가 공부해서 성공하는 것이었습니다. 부모님 모두 내가 공부하는 것을 원하셨지만, 특히 아버지는 당신에 대한 생각은 거의 하지 않고 나에게 오직 얄팍한 세상의 기대만 걸었습니다. 어머니는 일반적인 공부 과정이 나를 방해하지 않으리라 생각하면서 오히려 내가 당신에게 다가가는 데 도움이 되리라 생각하셨습니다. 여기에 나의 부모님의 특성이 가장 잘 드러나 있습니다. 게다가 나는 별 규제 없이 마음껏 즐기고 놀아, 여러 가지 악행에 빠졌습니다. 어둠의 장막이 나와 나의 하느님 당신의 밝은 빛에 가로놓였습니다. 무슨 악이든지 나의 교만과 마음으로부터 튀어나왔습니다.

아우구스티누스의 『고백록』 '제2권' 가운데 일부다.

동서고금을 막론하고 부모의 역할은 비슷한 구석이 많다. 1700여 년 전 유럽의 이야기인데 오늘날 우리네 가족 이야기와 크게 다르지 않은 모습이다. 세상의 가치에 편승하여 '좋은 게 좋은 것'이라는 회피적인 태도는 결국은 모두에게 손실을 가져온다.

사람은 누구나 후회를 한다. 그 후회는 자신에 대한 분노의 일종이다. 그 후회를 줄이는 지름길은 정직의 길을 선택하는 것이다. 정직의 선택이 넓어질수록 분노의 역할도 줄어든다. 따라서 정직의 근육을 기르면 분노를 줄여 나갈 수 있다.

5
不여유
분노 유형

화의 속도는 가속도가 붙으면 걷잡을 수 없이 빠르다. 요즘 교통과 통신기술의 발달은 시간과 공간의 개념을 바꿀 만큼 광속으로

변화를 이끌어간다.

가끔 지방에 내려가 보면 없던 도로가 생겨 혼란스럽다. 작년에 바꾼 휴대폰인데도 왠지 촌스럽게 느껴진다. 신조어의 등장은 그 사람이 사용하는 문자만 보아도 그의 나이를 짐작할 수 있게 한다. 어르신들은 자고 나면 변화하는 모습에 멀미를 느낄 정도다. 젊은 사람들도 어느 속도에 장단을 맞추어야 할지 감을 잡기 어렵다. 그 변화의 흐름을 타고 속도를 조절하는 사람은 지혜로운 사람이다.

대개 분노가 많은 사람은 변화에 뒤처지거나 지나치게 앞서가는 경우가 많다. 누가 그 변화를 이끌까? 이 시대가 추구하는 가치는 무엇일까? 나는 변화의 흐름에 어디쯤 서 있을까?

●● 대기업에서 20여 년 동안 근무를 하고 정년을 맞이한 60대 초반의 여성 이야기다. 그녀는 입사 때부터 정년을 마칠 때까지 최우수라는 별칭을 받을 만큼 오직 한길을 열정적으로 달려왔다. 영업직이면 영업, 관리직이면 관리, 교육직이면 교육, 무엇을 맡겨도 임무를 척척 수행해 내는, 회사 내에서는 당차기로 유명한 사람이었다. 그녀는 조직 안에서 임원을 제외하면 최고령인데 거기서 버티기 위해서 산전수전, 공중전까지 치루지 않으면 안 되었다고 회고했다. 어쨌든 이제는 일에서 벗어나 여유로운 노후를 설계하며 소일거리 정도의 활동을 하면 좋겠다는 마음으로 퇴직에 임했다.

그런데 퇴직 후 예상하지 못했던 고통이 몰려오기 시작했다. 연로한 시어머니와의 갈등에서부터 주위 가족들의 불행한 사건들, 그 무엇보다도 괴롭고 힘든 일은 존재감의 상실이었다. 직장에 있을 때는 소속감과 조직원들의 관심, 일에 대한 성취감이 있어서 살아 있다는 느낌이 있었는데 이제는 하루하루가 멘붕의 연속이란다. 이것은 자기 자신의 삶에 대한 분노 폭발 상황이다.

위 사례는 분노 유형 가운데 '不여유 분노 유형'에 해당한다.

과속은 위험하다. 가끔씩 브레이크를 밟아 속도를 조절해야 한다. 여유 없이 과속하면 분노는 빨간불을 켜 준다. 속도를 조절해야 안전하기 때문이다. 도로에서 안전운전을 하려면 교통의 흐름을 잘 타라고 한다. 다른 사람들의 운전속도에 잘 맞추라는 이야기다.

삶도 마찬가지다. 이 세상은 나 혼자 간다고 되는 것이 아니다. 구성원들은 항상 나를 지켜보고 있다. 앞에 가는 사람들일수록 뒤따라오는 사람들의 속도를 잘 계산하고 가야 한다. 이것이 자연의 질서다. 여유는 시간과 공간을 주도적으로 이끌어 가는 능력이다. 이 능력을 기르려면 우선 시공간 전체를 보는 눈이 있어야 한다. 전체를 알아야 부분을 어떻게 사용할지 계산이 가능해진다. 다음으로는 자기에게 주어진 소임을 주도적으로 해결할 수 있어야 한다. 눈치를 보거나 회피하거나 필요 이상의 과욕을 부리면 늘 쫓기는 신세가 된다. 마지막으로 자기 자신에게 관대해야 한다. 자기 자신을 독촉하는 사람은 다른 사람이 들어올 틈이 좁은 사람이다. 틈이 여유다. 많은 사람들이 들어올 수 있도록 틈을 만드는 것이 여유의 비결이다.

위의 여성은 대한민국의 전형적인 직장여성상이다. 그러나 시대 트렌드에는 어울리지 않는다. 과거처럼 한 회사에 뼈를 묻던 평생직장의 시대는 갔다. 직'장'의 시대에서 직'업'의 시대로 바뀌었기 때문이다. 그렇다고 이직을 염두에 두고 슬슬 일하라는 이야기가 아니다. 이제 여유의 가치는 경쟁력이다. 기업에서도 여유가 있는 사람을 선호한다. 여유 있는 사람은 이 시대 변화의 감각에 잘 어울리기 때문이다. 이 시대의 트렌드는 쿨이다. 시원시원해야 한다. 소통이 잘 되어야 한다. 자기 할 것 당당하게 하고 프리하게 살아야 한다.

초나라 남쪽에 명령이라는 바다거북이는 오백 년을 봄으로 삼고 오백 년을 겨울로 삼는다. 또 아주 먼 옛날에 대춘이라는 나무는 팔천 년을 봄으로 삼고 팔천 년을 가을로 삼는다. 그런데 사람들은(칠백 년 동안) 오래 산 것으로 유명한 팽조를 부러워하는데(팔천 년을 사는 대춘나무 등을 생각한다면) 참으로 애처로운 일이 아니겠는가?

작은 것과 큰 것의 차이라는 게 이렇다. 그러니 겨우 벼슬자리 하나 할 정도의 지혜밖에 없는 사람, 마을 한 곳 돌볼 정도의 일을 할 수 있는 사람, 한 임금을 섬길 덕밖에 없는 사람, 한나라를 다스릴 정도의 재능밖에 없는 사람들이야말로 바로 이 참새 같은 사람들이다.

송영자는 이런 사람들을 보면 그저 빙그레 웃기만 했다. 세상 사람들이 아무리 칭송해도 송영자는 우쭐대는 법이 없었다. 또 비난해도 움츠러들지 않았다. 집 안에 있을 때나 밖에 있을 때나 한결같이 자기 분수를 지키고, 영광과 치욕이 어디서 갈라지게 되

> 는지 알고 있었다. 송영자는 세상의 명예를 얻으려고 조급하게 굴지 않았다. 그런데도 송영자 역시 부족한 데가 있다.
> 열자는 바람을 타고 마음대로 돌아다니면서 놀다가 보름이 지나면 돌아온다. 열자도(송영자처럼) 조급하게 행복을 좇거나 하지 않았다. 열자는 걸어 다니지 않는다. 그런데도 돌아다니자면 바람에 의지해야 한다. 만일 천지(天地)의 본 모습을 따르고 자연(自然)의 변화를 따르며 무한한 세계에서 놀 수만 있다면 의지할 게 무엇이 있겠는가. 그래서 지인(至人)에게는 자기(自己)라는 것이 없고, 신인(神人)에게는 공적(功績)이란 것이 없으며, 성인(聖人)에게는 명예(名譽)란 것이 없다.

『장자』 '소요유 편'에 나오는 내용이다.

'자연의 변화를 따르며 무한한 세계에서 놀 수만 있다면 의지할 게 무엇이 있겠는가.' 이 얼마나 멋진 표현인가? 자연의 변화란 시대에 맞는 자연스러움을 말한다. 자연스러운 사람은 거슬리지 않는다. 자연스러운 사람은 편안하다. 자연스러운 사람은 중심이 서 있는 사람이다. 자연스러운 사람은 허세를 부리지 않는다. 자연스러운 사람은 멀리 보고 당당하게 걷는다. 그래서 자연스러운 사람은 여유를 즐길 자격이 생긴다.

인간이 자연의 소리를 듣지 않고 억지를 부리면 분노가 발동한다. 자연과 인간, 인간과 자연은 본래 하나이기 때문이다. 자연스럽게 살면 분노는 발을 디딜 틈이 점점 줄어든다.

6

不개성
분노 유형

노랑 애벌레는 줄무늬 애벌레가 없어서 쓸쓸했습니다. 그녀는 날마다 그를 찾으러 그 기둥으로 기어갔다가는 밤이 되면 슬픈 마음으로 집으로 돌아왔습니다. 그러나 그를 발견하지 못한 것이 어쩌면 다행스럽게 느껴지기도 했습니다. 만약 그를 발견했더라면 그래서는 안 되는 것을 알면서 그를 따라 뛰어들었을지도 모르는 일이었으니까요. 그녀는 이렇게 기약 없이 기다리고 있느니 차라리 무엇이든 아무것이나 하고 싶은 충동을 느꼈습니다.

"내가 정말로 원하고 있는 것이 도대체 무엇인가?" 하고 그녀는 한숨지었습니다.

"순간순간 원하는 것이 바뀌는 것 같으니, 참. 그러나 틀림없이 무언가 그 이상의 것이 있을 거야."

마침내 그녀는 무감각 상태가 되어 친숙했던 모든 것들에 대한 흥미를 잃어버렸습니다.

어느 날, 늙은 애벌레 한 마리가 나뭇가지에 거꾸로 매달려 있는 것을 보고 그녀는 놀랐습니다. 그는 무슨 털 뭉치에 꼼짝없이 잡혀 있는 것 같았습니다.

"무슨 사고가 생긴 것 같은데, 도와드릴까요?" 하고 그녀가 말했습니다.

"아니야, 괜찮다. 나비가 되기 위해서는 이렇게 해야만 돼."

그녀는 깜짝 놀랐습니다. '나비! 바로 그 말' 하는 생각이 들었습니다.

"제발 말해 주세요. 나비가 무엇이지요?"

"그것은 네가 되어야 할 바로 그것이야. 그것은 아름다운 두 날개로 날아다니며 하늘과 땅을 연결시켜 주지. 그것은 꽃에 있는 달콤한 이슬만을 마시며 이 꽃에서 저 꽃으로 사랑의 씨앗을 운반해 준단다. 나비가 없으면 세상에는 곧 꽃이 없어지게 될 거란다."

"그럴 리가 없어요." 하고 노랑 애벌레가 숨을 할딱이며 말했습니다.

"내 눈앞에 보이는 것은 단지 솜털 투성이의 한 마리 벌레뿐인데, 나의 내부에, 그리고 당신의 내부에 한 마리의 나비가 들어 있다고 어떻게 믿을 수 있어요?"

"어떻게 나비가 될 수 있나요?" 하고 그녀는 생각에 잠겨 물었습니다.

"한 마리 애벌레의 상태를 기꺼이 포기할 수 있을 만큼 절실히 날기를 원할 때 가능한 일이란다."

"목숨을 버리라는 말씀인가요?" 하고 노랑 애벌레가 물었다. 하늘로부터 떨어진 그 세 마리의 애벌레가 생각났습니다.

"그렇기도 하고 그렇지 않기도 하단다. 너의 '겉모습'은 죽어 없어질 것이지만 너의 '참모습'은 여전히 살아 있을 것이란다. 삶에 변화가 온 것이지. 목숨을 빼앗긴 것이 아니다. 나비가 되어 보지도 못하고 죽어 버린 그 애벌레들과는 전혀 다른 것이지." 하고 그가 대답했습니다.

"그러면 내가 한 마리 나비가 되기로 결심했을 때, 나는 무엇을 해야 하지요?" 하고 노랑 애벌레가 주저하며 물었습니다.

"나를 잘 보아라. 나는 지금 고치를 만들고 있단다. 내가 마치 숨어 버리는 것같이 보이지만, 고치란 피해 달아나는 곳이 아니란다. 변화가 일어나는 잠시 머무는 여인숙과 같은 거야. 애벌레의 삶으로 결코 다시는 돌아갈 수 없는 것이니까, 그것은 하나의 커다란 도약이지. 변화가 일어나고 있는 동안 너의 눈에는 혹은 그것을 지켜보고 있는 누구의 눈에도 별다른 변화가 없는 것처럼 보일지 모르지만 이미 나비가 만들어지고 있는 거란다. 오직 시간이 좀 걸린다는 것뿐이지!"

트리나 포올러스의 『꽃들에게 희망을』 일부분이다.

언제 읽어도 가슴 뛰는 대사이다. 나비가 되어 이 꽃에서 저 꽃으로 옮겨 다니며 사랑의 씨앗을 운반해 주는 삶. 고치 속으로 들어가 묵묵히 변화를 준비하는 삶. 나만의 참모습을 찾는다는 것은 결코 쉬운 일이 아니다.

이 작품에서 나의 본모습은 외롭고 고독하고 괴로운 길을 거쳐야 비로소 나타난다는 교훈을 준다. 참모습은 개성(個性)이다. 개성은 나만의 본질적인 모습이다. 하늘이 준 나만의 특징이다. 우주만물 가운데 오직 나는 하나다. 개성은 나만의 색깔이다. 나만의 색깔은 매력이다. 매력은 인간관계의 포인트다. 그래서 매력을 잘 관리하는 사람은 인기가 높다.

당신의 매력은 무엇인가? 당신은 당신만의 매력을 키우기 위해서 무엇을 하고 있는가?

●● 28세인 예쁘장한 여자 제자가 있다. 그 제자는 지금 고등학교 수학교사가 꿈이라서 사범대를 졸업하고 임용고사를 준비하고 있다. 그녀는 행사 때 가끔씩 만나는데 볼 때마다 얼굴 모습이 달라진다. 얼굴성형에 관심이 많은 제자이기 때문이다. 처음에는 얼굴에 있는 점이란 점은 모조리 제거했다. 얼굴이 깨끗해져서 피부가 좋아 보이기는 하는데 코 옆에 있던 복점이 사라져서 개인적으로 아쉬웠다.

그 다음에 만났을 때는 눈의 모습이 달라져 있었다. 자세한 내막은 모르겠지만 눈 주위 모습이 예전과 눈에 띄게 달라졌다. 그 달라짐이 더 나은 모습인지는 잘 모르겠다. 최근에 만났을 때는 길거리에서 마주치면 알아보기 어려울 만큼 변신한 모습을 보여 주었다. 얼굴의 구조가 달라 보였다.

예뻐 보인다는 말을 하면서 왜 성형을 자꾸 하느냐고 물었다. 첫째는 사람들이 외모를 중시하기 때문에 더 예뻐 보이면 자신감이 생긴단다. 둘째는 얼굴을 보고 있으면 결점이 자꾸 보여 그것을 해소하지 않으면 분노가 일어난다는 것이다. 셋째는 현재 특별하게 남들과 다른 능력을 가지고 있지 못하기 때문에 외모라도 갖추어야 한다는 강박이 있다는 것이다. 그러냐고 대응은 해 주었지만 마음이 편하지는 않았다. 다음에는 어떤 모습으로 나타날지 기대 반, 우려 반이다.

위 사례는 분노 유형 가운데 '不개성 분노 유형'에 해당한다.

개성이 없거나 부족해도 분노는 나타난다. 개성 역시 사람이면 마땅히 갖추어야 할 덕목이다. 개성은 단순히 남들과 달리 튀거나 엉뚱함을 뽐내는 괴짜와 다르다. 괴짜가 특수한 사람들의 영역이라면 개성은 우리 모두의 영역이다. 개성은 전체와의 조화를 위한 나만의 색깔이다. 형형색색의 여러 가지 크레파스가 있어야 조화와 균형이 잡힌 아름다운 그림을 그릴 수 있다. 개성은 고유의 색을 지닌 크레파스다. 크레파스는 무슨 색깔이건 우열을 따지지는 않는다. 다만 전체 속에서 무슨 색깔의 역할을 하는 것이 조화로울지 알려고 다른 색들과 비교할 뿐이다.

위의 제자는 개성에 예민하다. 그러나 개성을 올바르게 알아차리고 사용하지 못해 분노로 인한 화상(火傷)이 예상된다. 제자가 얼굴성형을 하는 이유는 개성의 본래 정신과는 반대방향이기 때문이다.

첫째, 타인의 시선 문제다. 다른 사람은 나의 개성을 보고 싶어 한다. 그런데 성형을 하다 보면 점점 나의 색깔은 줄어들게 된다. 성형외과 광고는 before와 after를 보여 준다. 나의 눈에는 before는 사람마다 다른 이미지를 느낄 수 있는데 after의 모습은 서로 비슷한 이미지로 보인다. 얼굴이 서로 비슷해져 가는 것은 생각조차 서로 비슷해져 가는 것이다. 외출할 때 옆 사람이 나와 똑같은 외투를 걸친 것만 보아도 화가 올라오는데 생각도 같고 얼굴도 같으면 분노지수는 예측하기 어려울 정도로 높아질 것이다. 왜냐하면 같아지는 대상끼리는 경쟁의식을 느끼기 때문이다.

둘째, 결점을 보는 눈이다. 사람은 강점과 약점을 동시에 가지고 있다. 약점도 개성이며 강점도 개성이다. 문제는 이것을 어떻게 사용할 것인가이다. 쌍꺼풀이 있으면 있는 대로, 없으면 없는 대로 얼굴 전체와 조화를 가꾸어 나가는 사람은 개성을 살리는 사람이다. 약점은 제거하는 것이 아니라 강점을 살리는 파트너다. 그중요한 파트너를 제거하면 제거할수록 분노는 강도 높게 저항할 것이다. 몸 전체에서 보면 약점의 제거는 균형상실을 의미하기 때문이다.

셋째, 능력을 대하는 태도의 문제다. 능력은 내가 결정하는 것이 아니다. 능력은 조직의 목적성취를 기준으로 다른 사람들과 비교해서 목적이 요구하는 역량의 무게가 얼마큼인지를 조직의 눈으로 판단할 문제이다. 본질을 보지 못하고 문제를 가리려 하면 분노는 치밀어 올라온다. 이것은 자기 자신을 속이는 행위이기 때문이다. 개성은 전체의 눈으로 개인의 독특함을 드러낼 때 그 빛을 발한다.

애벌레 상태에서 개성은 발휘할 수 없다. 나비가 되어야 비로소 나만의 개성을 마음껏 발휘할 수 있다. 애벌레에서 나비로 터닝하기 위해서는 겉모습을 버려야 한다. 겉모습에 연연해하는 사람은 자유롭게 날 수가 없다. 애벌레의 길과 나비의 길은 하늘과 땅 차이다. 두 길을 동시에 가기를 원하지만 자연은 사람의 욕심을 들어 주지 않는다. 어느 하나를 포기해야 다른 하나를 얻는다. 이것이 삶의 이치이며 그 이치를 벗어나면 분노는 고개를 들고 올라온다. 개성의 덕목을 기르고 실천하면 그만큼 분노의 자리는 줄어든다. 오늘날 시기와 질투와 경쟁은 본질적으로 보면 '개성의 부재'에서 발생한 것이다. 개성이 아름다움의 상징인 것은 사람다움의 가치가 담겨 있기 때문이다. 개성은 행복의 보금자리를 위한 제2의 탄생이다.

7
不도전
분노 유형

세계피겨선수권대회에서 김연아 선수가 다시 우승컵을 안았다. 그 경기가 있던 날 우리 가족은 산행이 예정되어 있었다. 경기를 생중계로 보고 싶었지만 예정대로 등산복을 차려입고 가족과 함께 산행 길에 올랐다. 산 중턱쯤 올랐을 때 사람들은 산행을 중지하고 삼삼오오 모여서 경기를 지켜보고 있었다. 스마트폰의 위력이 느껴졌다. 우리 일행도 얼른 자리를 잡고 휴대폰을 켰다. 다행히 아직 김연아 선수 차례는 아니었다. 드디어 김연아 선수 차례가 왔다. 마치 국민의례 때 국기에 대한 경례라도 하듯이 모두가 숨을 죽이고 그 작은 화면을 뚫어져라 지켜보았다. 역시 김연아 선수였다. 여기저기에서 흐뭇한 탄성이 산줄기를 타고 메아리쳤다. 우리는 기뻤고 감사했다. 다시 산 정상을 향해 발길을 옮기면서 감격의 여운을 즐겼다. 김연아 선수 한 사람으로 인하여 많은 사람들이 행복해했던 하루였다. 그 행복의 순간을 맛보기 위하여 땀 흘린 김연아 선수에게 박수를 보낸다.

도전은 아름답다. 도전은 새로운 환경을 만들어가는 즐거움이다. 사람은 미완성으로 태어나 완성을 향해 도전하는 존재다. 그래서 도전하는 사람에게 박수를 보낸다. 사람다움의 정신을 실천했기 때문이다. 완성을 향한 삶의 기준은 균형과 조화다. 치우쳐 있거나 전체와 함께 어울릴 수 없다면 감점이다. 흔히 도전이라면 기록 경신의 목표를 향해 달리는 행위를 말한다. 그러나 그것은 도전의 일부에 지나지 않는다.

도전의 영역은 광범위하다. 기존의 고정관념을 버리는 것도 도전이다. 사람은 의외로 자기 기억에 의존하고 자기 자신에 집착하는 경우가 많다. 이것은 자신의 자유 영역을 스스로 좁히는 행위다. 또한 포기하는 것도 때로는 도전이다. 내 것이 아닌데도 고집을 부리는 것은 도전이 아니라 억지다. 그리고 가장 적극적인 도전은 두려움과 맞서서 싸우는 것이다. 사람은 새로운 환경에 두려움을 느낀다. 도전의 멋을 아는 사람은 남들이 가 보지 않은 새로운 길을 찾아 나선다.

●● 자녀교육 문제로 만난 50대 초반의 여성 이야기다. 중매결혼을 했는데 신혼 초부터 의처증 증세가 관찰되었다고 한다. 시간이 흐를수록 남편의 폭언과 폭행이 이어졌다. 아이가 있으면 나아지겠지, 하고 견뎌보았지만 헛수고였다. 남편은 다니던 직장도 그만두었다. 생계를 위해 하는 수 없이 그녀는 친정 오빠가 운영하는 회사에 취직을 했다. 그녀는 회사에서 능력을 인정받아 독자적인 회사까지 운영하게 되었다.

한편, 남편은 집에서 딸아이를 돌보며 주식으로 소일거리를 하고 지냈다. 그녀의 말에 의하면 주식으로 날린 돈만 해도 10층짜리 건물 두서너 채는 될 것이라고 했다. 결혼에 의미가 없다고 판단한 그녀는 여러 번 이혼을 시도했지만 자녀 등 꼬인 문제들 때문에 실패했다. 계속되는 의처증도 문제지만 이제는 자녀까지도 감시의 대상이 되었다. 자녀를 볼모로 삼아야 돈을 얻을 수 있었기 때문이었다.

자녀의 꿈은 아버지의 그늘에서 벗어나는 것이라고 했다. 그래서 그녀의 딸아이는 고3이 되어서 대학을 선택할 때 1차적인 조건은 기숙사가 있는 지방대학교에 가는 것이었는데 실제로 그 길을 선택했다. 그녀는 사람에 대한 두려움이 극에 달해 있었다. 휴대폰 연락처 주소록에는 오빠와 딸아이 주소밖에 저장되어 있지 않을 정도였다. 만나는 사람도 없고 돌아다닐 곳도 없었다. 그녀는 결혼은 자신의 모든 삶을 송두리째 앗아간 마귀라고 표현했다. 안타깝고 슬픈 사연이다.

위 사례는 분노 유형 가운데 '不도전 분노 유형'에 해당한다.

도전에 게으르면 분노는 분노한다. 그녀는 신혼 초에 의처증이 발견되었다면 가족이든, 친구든, 전문가든 외부의 도움을 받아서라도 치열하게 도전을 했어야 했다. 그 타이밍을 놓쳤다고 하더라도 자녀를 볼모로 삼는 행위는 자녀에게도 커다란 분노를 안겨 준 셈이 되었다. 나서야 할 때 나서지 않는 것은 분노를 살찌우는 길이다. 그녀는 도전의 소리에 너무 무심했다. 한 번 결혼했으면 무조건 참고 살아야 한다는 기존의 생각에 갇혀 있어서 새로운 길을 모색할 기력을 잃었다. 또한 내 사람이 아니라고 판단했으면, 포기하는 데 도전장을 내고 생계를 내려놓는 한이 있더라도 끝까지 가 보았어야 했다. 그랬다면 결론이 어떻게 났더라도 지금처럼 분노가 극에 달하지는 않았을 것이다.

무엇보다도 그녀는 두려움과 맞서 싸우지 않았다. 시간이 지나면 어떻게 되겠지, 이번만 넘기면 어떻게 되겠지, 미루고 회피를 거듭해 온 것이 분노를 더욱 키운 결과가 되었다. 냉정하게 말하면 그녀는 스스로 분노를 길러 온 장본인이다. 분노는 거짓을 고하지 않는다.

혜자가 장자에게 말했다.

"위나라 임금이 큰 박씨를 주기에 내가 그것을 심었다네. 박이 자라서 열매가 다섯 섬이나 될 정도로 열렸네. 그 박에다 마실 물을 담아 보니 무거워 들 수 없었다네. 그래서 박을 두 개로 쪼개 바가지로 만들었지. 그런데 얕고 납작해서 아무것도 담을 수가 없는 거야. 공연히 크기만 했지, 아무짝에도 쓸모가 없어 그냥 부수고 말았어."

장자가 말했다.

"자네는 큰 물건 쓰는 방법이 아주 서투르군. 송나라에 손 트지 않게 하는 약을 만드는 사람이 있었다네. 그 사람은 그 약을 바르면서 대대로 솜 빨래하는 일을 했지. 어떤 나그네가 그 약 이야기를 들었지. 그래서 금 백 냥을 줄 테니 약을 만드는 비방을 팔라고 했어. 아마 그 사람은 가족들을 다 모아 놓고 의논했다지.

"우리는 대대로 솜을 빨았지만, 버는 것이야 기껏 금 몇 냥밖에 없는데 이제 이 약 만드는 방법을 금 백 냥에 사겠다는 사람이 있으니 팝시다." 했다네.

"그 나그네는 약 만드는 비방을 얻어 오나라 임금에게 가서는 그 약의 효험을 설명했네. 그때 월나라가 오나라에 쳐들어왔지. 오나라 왕은 그 나그네를 장군으로 삼았지. 겨울에 월나라와 수중전을 치러 그 나그네는 크게 이겼다네. 그러자 오나라 왕은 그에게 땅을 주어 영주로 삼았네. 손을 트게 하지 않는 비방은 하나인데, 어떤 사람은 그것으로 영주가 되고, 어떤 사람은 그것으로 세탁하는 일만 하고 있으니, 비방을 어떻게 쓰느냐에 따라 그 결과가 달라지는 거네. 이제 자네에게 다섯 섬의 큰 박이 있다면 왜 큰 술통 모양의 배를 만들어 강이나 호수에 띄울 생각은 하지 않고, 얇고 납작하여 아무것도 담을 수 없다는 걱정만 하는가. 자네는 작고 꼬불꼬불한 쑥대 같은 마음을 갖고 있구만."

『장자』 '소요유 편'에 나오는 대박 이야기다.

대박 인생은 누구나 꿈꾼다. 그러나 대박의 비밀을 알고 그 꿈을 이루는 사람은 많지 않다. 장자는 대박을 잡으려면 통이 커야 한다고 한다. 통이 크다는 것은 생각이 유연하다는 말이다. 생각이 굳어 있는 사람은 대박의 기회를 볼 수 없는 사람이다. 유연한 생각을 유지하려면 기존의 생각을 잘 버려야 한다. 생각을 버리지 못한 사람을 장자는 작고 꼬불꼬불한 쑥대 같은 마음을 가진 사람이라고 비유했다. 생각을 비우기 위한 도전을 시도해 보자. 생각을 비우는 도전을 많이 할수록 분노는 줄어든다. 도전은 사람다움의 향기를 강하게 만든다. 도전은 자기 자신의 멋을 창조하는 삶의 예술이다.

8

不관찰
분노 유형

인사는 사람이 늘 반복하는 일이다. 만났으면 만났다고 인사하고 헤어지면 헤어진다고 인사를 나눈다. 인사를 잘하는 사람은 사람대접을 잘 받는다. 반대로 인사를 잘하지 못하면 사람대접을 잘 받지 못한다. 인사를 잘하는 사람은 사람을 잘 본다. 그 사람 기분은 어떤지, 머리와 치장 등 차림새는 어떤지를 잘 관찰하며 그에 맞는 눈빛과 적절한 인사말을 구사한다. 머리를 손질하고 출근했는데 아무도 보아 주는 사람이 없으면 속상하다. 오랜만에 옷을 멋지게 차려입고 외출을 했는데 상대방이 무관심하면 기분이 별로다. 기분 좋은 일이 생겨서 홍얼홍얼 하는데 아무도 공감해 주지 않으면 슬퍼진다. 인사는 기분을 나누는 것이다. 인사는 돈 들지 않고 점수 딸 수 있는 무기이다.

그런데 인사가 중요한 것인지 잘 알면서도 실천이 잘 안 된다. 가까이는 가족들에게 하는 인사부터 쉽지 않다. 직장에서도 대개 형식적인 인사에 그치는 경우가 흔하다. 사실 가장 어렵고 잘 안 되는 인사는 이웃 사이 인사다. 인사가 차츰 어려워져 가는 이유는 다양하겠지만 가장 큰 원인은 관찰하는 여유의 부재가 아닐까 생각한다.

관찰은 대상에 대한 관심에서 출발한다. 그 대상에 대한 관심이 없으면 보아도 헛것이 보인다. 내 기준으로 대상을 바라보기 때문이다. 관찰의 기준은 나보다는 대상에 두어야 제대로 보인다. 내가 보고 싶은 것, 내가 듣고 싶은 것, 내가 소유하고 싶은 것, 내가 알고 싶은 것 등을 내려놓아야 비로소 대상의 모습은 제대로 나타난다. 그런데 현대인들은 자기 눈이 세상 보는 기준이길 바란다. 내 비위(脾胃)의 기준으로 대상을 선택적으로 관찰한다. 그것은 엄밀하게 말하면 관찰이 아니라 감시다. 감시(監視)는 관찰과 다르다. 감시는 이미 대상을 통제하려는 우월의식이 전제되어 있다. 그래서 대상은 상대가 감시하고 있다는 판단이 들면 그 실체를 감추어 버린다. 관찰의 부재는 소통의 부재로 이어진다. 서로 대상을 왜곡하여 바라보기 때문이다.

●● 40대 초반의 직장인 남성 이야기다. 집에만 들어가면 아내 잔소리 때문에 못살겠다고 한다. 화장실 불을 잘 끄지 않는 습관 때문에 아내는 급기야 멀쩡한 화장실 문 위에 조그마한 구멍까지 뚫었다. 볼일 보고 나와서 불빛을 보고라도 불을 끄라는 압력이란다. 남편의 소박한 희망은 잔소리 대신 웃으면서 “어휴, 저 버릇 언제 고치려나.” 하고 말없이 불을 꺼 주거나 아니면 “당신이 켜 놓은 불, 내가 껐어요.” 하고 상냥하게 지나쳐 주는 것이다. 또 하나는 치약 사용에 대한 잔소리란다. 아래로부터 짜서 사용하지 않고 중간을 눌러 쓰는 습관이 있는데 이틀에 한 번 꼴로 잔소리를 듣는다. 양말도 벗어서 빨래통에 넣지 않고 방에다 벗어 놓는다며 구박한다. 남편은

아내가 전업주부인 만큼 그런 것쯤은 아내가 당연히 챙겨 주어야 하지 않느냐는 생각이다. 남편이 보기에는 별것 아닌 것 가지고 괜히 시비를 건다고 생각하는 입장이다.

위 사례는 분노 유형 가운데 '不관찰 유형'에 해당한다.

관찰하는 능력이 부족해도 분노는 작동을 개시한다. 관찰은 서로에 대한 존중이 깔려 있어야 한다. 나 중심의 일방향적인 사고는 대상을 무시하는 태도다. 관찰은 나와 대상 사이에 무엇을 주고받아야 하는지 정확한 판단을 위한 정보 수집이다. 정보 왜곡은 서로에게 도움이 되지 않는다. 그래서 분노는 정확한 정보를 확인하라는 신호를 보낸다. 위 사례에서 남편은 아내의 잔소리에만 신경을 썼지, 자기와 관계 맺고 있는 1차적 대상의 관찰에는 무관심했다. 화장실에서 불을 켜고 나서 불을 끄는 문제는 아내를 의식해서 해야 하는 문제가 아니다. 아내와는 무관하게 남편은 화장실의 불과 1차적 관계를 맺고 있는 것이다.

따라서 남편은 2차적 대상인 아내를 관찰할 게 아니라 1차 대상인 화장실 전등을 관찰해야 했다. 이렇게 보면 남편은 아내에게 분노를 느끼는 것은 화장실의 불 문제가 아니라, 아내에게 감시받고 있다는 생각 때문일 것이다. 그와 마찬가지로 치약 문제든, 양말 문제든 남편은 나와 관계 맺고 있는 1차적 대상을 관찰하는 데 등한한 것이 문제였던 것이다.

옛날에 도를 깨친 사람은
미묘(微妙)하고 통달(通達)하여 그 깊이를 알 수 없다.

그런데 알 수 없다고 하여도 억지로 그것을 표현하려고 한다.
신중한 모습은 마치 겨울에 언 강을 건너는 것과 같고,
삼가는 모습은 마치 사방의 이웃을 두려워하는 듯하며,
엄숙한 모습은 마치 손님과 같다.
온화한 모습은 마치 얼음이 녹는 것과 같고,
소박한 모습은 마치 다듬지 않은 원목과 같다.
겸허한 모습은 마치 계곡처럼 깊고,
혼돈된 모습은 마치 혼탁한 물과 같다.
누가 이 혼탁함을 깨끗이 씻어 점차로 맑게 할 수 있을까?
누가 안정됨을 움직여 서서히 살아 움직이게 할 수 있을까?
이 도를 온전하게 간직한 사람은 가득 채우려 하지 않는다.
채우려 하지 않기 때문에 새로운 것을 이루려고 꾀하지 않는다.

노자의 『도덕경』 15장이다.

노자는 소통의 달인을 도(道)를 깨친 사람으로 표현했다. 도(道)를 깨친 사람은 대상을 관찰하는 특별한 능력을 가진 사람이다. 대상을 꿰뚫어 볼 수 있기에 완전에 가까운 소통을 할 수 있는 것이다.

도로써 대상을 관찰하는 사람은 신중함이 겨울에 언 강을 건너는 것과 같다. 관계 맺는 대상이 얼마나 귀한 존재인지 알기 때문이다. 도로써 대상을 관찰하는 사람은 삼가는 모습이 사방의 이웃을 두려워하는 듯하다. 관계 맺는 대상이 살아 있는 존재임을 알기 때문이다. 도로써 대상을 관찰하는 사람은 엄숙한 모습이 마치 손님과 같다. 관계 맺는

대상이 나를 살리는 존재임을 알고 있기 때문이다. 도로써 대상을 관찰하는 사람은 온화한 모습이 마치 얼음이 녹는 것과 같다. 관계 맺는 대상이 고맙기 때문이다. 도로써 대상을 관찰하는 사람은 소박한 모습이 마치 다듬지 않은 원목과 같다. 관계 맺는 대상이 나와 한 몸이라는 것을 알기 때문이다. 도로써 대상을 관찰하는 사람은 겸허한 모습이 마치 계곡처럼 깊다. 관계 맺는 대상이 무궁하기 때문이다. 도로써 대상을 관찰하는 사람은 혼돈된 모습이 마치 혼탁한 물과 같다. 관계 맺는 대상이 변화무쌍한 신비한 존재임을 잘 알기 때문이다.

대상을 온전히 관찰한다는 것은 쉬운 일이 아니다. 분노가 일어나면 혹시 대상에 대한 관찰에 문제가 없었는지 점검해 보기를 권한다.

9

不몰입
분노 유형

우리나라는 에너지가 넘치는 나라다. 저녁시간 활동도 부족하여 24시간 영업을 하는 곳도 종종 눈에 띈다. 아침에 출근을 하다 보면 사무실 근처에서 아침까지 술을 마시는 사람을 가끔 보게 된다. 나름의 사정도 있을 테니 그들의 행위에 대한 논의에는 별 관심이 없다. 다만 나는 그들의 에너지가 부러울 따름이다. 나는 개인적으로 술자리는 좋아하는(즐기는) 편이다. 이런 분위기는 사람과 사람 사이의 정서적 동질감을 쉽게 느낄 수 있기 때문이다. 그러나 체질적으로 술을 많이 마시지는 못한다. 그래서 술자리에서는 컨디션에 따라 주량을 조절하느라 나름 신경을 쓴다. 사람마다 주어진 에너지는 각자 다르다. 그 역량을 잘 알고 적절하게 사용하는 능력은 매우 중요하다. 사람마다 주어진 에너지의 양도 각기 다르다. 태생적으로 에너지가 넘치는 사람도 있으며 후천적으로 에너지를 잘 관리하는 사람도 있다. 또한 외부로 발산하는 유형이 있는가 하면 안으로 수렴하는 유형도 있다. 에너지의 발산 부위도 각기 다르다. 머리에 집중하는 사람이 있는가 하면 손발에 집중하는 사람도 있다. 에너지의 흐름에도 타이밍이 빠른 사람이 있는가 하면 느린 사람도 있다. 에너지관리를 잘하는 사람은 이러한 특징들을 두루두루 고려하여 때에 맞게 적절하게 자기 에너지를 관리하며 사용할 줄 아는 사람이다.

나는 멍 때리는 시간이 비교적 많은 듯하다. 특히 해결해야 할 문제가 발생하면 그 문제가 해결될 때까지 에너지를 그곳에 쏟는다. 이런 습관 때문에 자동차 운전을 삼가는 편이다. 과거에 멍 때리다가 접촉사고를 경험했기 때문이다. 멍 때릴 고민이 있을 때는 내려야 할 지하철역도 지나치는 경우가 종종 있다. 그때마다 후회는 하지만 원망은 하지 않는다. 에너지를 사용하는 나만의 스타일이기 때문이다. 에너지는 몰입(沒入)해서 사용하는 사람이 지혜롭다. 몰입은 목적을 이루기 위하여 에너지를 하나로 집중시키는 능력이다. 몰입은 일의 성과를 높일 뿐만이 아니라 여유를 확보할 수 있는 기회를 준다. 하늘은 모든 사람에게 물리적인 시간은 동등하게 주었지만 사람마다 몰입 정도에 따라서 그 시간의 질은 달리 사용하고 있다.

몰입을 잘하기 위해서는 첫째, 집중(集中)과 집착(執着)을 구분할 수 있어야 한다. 집중은 관계 맺는 대상을 내가 주관해서 선택하는 행위다. 반면에 집착은 관계 맺는 대상에게 이끌려가는 행위다. 예를 들면 똑같은 드라마를 시청할 때에도 내가 여가시간을 할애하여 필요한 것을 필요한 만큼 볼 수 있다면 집중이다. 그러나 해야 할 일상의 일까지 미루어가며 드라마에 나의 일정을 맞추는 사람의 행동은 집착이다.

둘째는 의욕과 욕심을 구분할 줄 알아야 한다. 의욕이 나의 역량에 맞는 가치의 선택이라면, 욕심은 대상에 대한 소유 욕구를 충족하려는 마음이다. 가령 요리사 자격증을 준비하면서 의욕은 식당 개업을 준비하며 그 자격증이 필요한 경우다. 반면에 욕심은 취업을 준비하는 데 어느 쪽으로 갈지는 모르지만 우선 자격증은 많을수록 좋으니 따 둔다는 개념이다.

셋째는 단순성(單純性)과 단면성(斷面性)을 구분해야 한다. 단순성은 복잡한 것을 기준이나 중심을 세워서 단순화 과정을 거쳐 정리한 것이다. 반면에 단면성은 현상에 대하여 일부분만을 보고 판단하는 경향을 말한다.

●● 경력단절을 딛고 40대 중반의 나이에 새로운 직장생활을 시작하게 된 여성의 이야기다. 그녀는 결혼 전, 남들이 부러워하는 대기업 비서실에서 근무를 했었다. 하지만 결혼 후 남편의 사업 내조와 육아 문제로 아쉽지만 직장을 그만두어야 했다. 시간이 흘러 지금은 남편도 사업을 정리했고 아이도 중학생이 되어 다시 일을 해도 될 환경이 되었다.

그녀는 자녀교육 문제를 고민하다가 여기저기 최근 트렌드 교육을 받으러 다녔다. 교육을 받다 보니 남을 가르치는 일이 적성에 맞는다는 생각이 들었다. 그래서 강사 활동을 할 수 있는 회사에 취직을 했다. 그런데 직장 생활에서 일만 열심히 하면 된다는 생각을 했는데 막상 부딪쳐 보니 생각하지 않았던 어려움이 많았다. 그녀가 가정에서 그동안 해 왔던 역할의 빈자리 때문에 갈등이 생긴 것이다. 몸은 직장에 있어도 머릿속에는 시어머니와 시아버지 문제, 남편 뒷바라지 문제, 자녀교육 문제 등 기존에 해 왔던 일들이 사라지지 않고 남아 있었다. 업무에 있어서도 생각보다 준비해야 할 것들이 복잡하여 집중이 되지 않는다. 일은 잡고 있는데 능률은 오르지 않고 혹시 나 때문에 회사에 누가 되지 않을까 걱정이 되기도 한다.

위 사례는 분노 유형 가운데 '不몰입 분노 유형'에 해당한다. 몰입하는 능력이 부족해도 분노가 올라온다. 일이나 공부에 에너지는 쏟았는데 그에 합당한 성과가 나오지 않으면 본인 당사자나 보는 사람 모두 분노를 느끼게 된다. 이는 에너지 사용에 결함이 감지되었기 때문이다. 위의 여성도 대안으로 몰입하는 능력을 길러야 한다. 우선 시간과 공간에 대한 개념을 다시 정비해야 한다. 기존에 전업주부일 때와 직장 생활할 때의 시간 사용은 다를 수밖에 없다. 동일한 양의 일이라도 시간 개념을 바꾸면 몰입이 가능해진다.

또한 공간에 대한 인식도 바꾸어야 한다. 내가 지금 현재 있는 곳이 가정인지, 직장인지 명확하게 구분하는 훈련이 필요하다. 공간에 대한 인식이 명료해질 때 몰입도가 높아진다. 몰입은 연습하면 길러진다. 무조건 슈퍼우먼이 되라는 이야기가 아니다. 나만의 에너지 특징을 파악하고 현재에 몰입할 수 있는 전략을 다시 세워야 한다.

> 소크라테스 : 그러면 이제 우리의 본성이 교육을 받았을 때와 받지 않았을 때의 차이를 알기 위해 다음과 같은 경우를 상상해 보게. 여기에 지하 동굴이 하나 있고 그 속에 사람들이 살고 있다고 상상한다면, 그 동굴 입구는 빛을 향해 열려 있고 긴 동굴이 펼쳐져 있을 것이네. 그 안의 사람들은 어릴 때부터 다리와 목이 사슬에 묶여 있어서 언제나 같은 곳에 머물러 있으며, 사슬 때문에 머리를 돌릴 수 없고 앞만 보도록 되어 있지. 그들 뒤의 위쪽에 불빛이 멀리서 그들을 비추고 있으며, 불빛과 죄수들 사이에는 길이 나 있고, 그 길을 따라서 나지막한 담이 있네. 그 담은 그들 앞에서 꼭두각시 놀이꾼들이 인형을 보여 주기 위한 무대와 비슷하지.
>
> 글라우콘 : 이해가 갑니다.
>
> 소크라테스 : 그렇다면 이것도 생각해 보게. 그 담을 따라 사람들이 여러 종류의 도구와 입상과 돌이나 나무로 만든 동물의 형상이나 여러 가지 물건들을 운반한다고 할 수 있겠지? 그러면 그들 가운데 일부는 말하기도 하고 일부는 아무 말도 안 할 것이네.
>
> 글라우콘 : 선생님은 저에게 이상한 상상을 보이시는군요. 그리고 그들은 이상한 죄수들입니다.
>
> 소크라테스 : 우리 자신들과 같지. 그들은 단지 자신의 그림자나 다른 것의 그림자를 볼 뿐이지. 그 불빛이 동굴의 반대편 벽 쪽에

무엇을 비추겠나?
글라우콘 : 그들이 일생 동안 머리를 돌릴 수 없다면 어떻게 다른 것을 볼 수 있겠습니까?
소크라테스 : 그렇다면 그들은 운반되고 있는 물건도 그림자밖에 못 보겠지?
글라우콘 : 그렇지요.
소크라테스 : 만일 그들이 옆 사람들과 이야기할 수 있다면, 그들이 본 것을 실재하는 것으로 생각하지 않을까?
글라우콘 : 맞습니다.
소크라테스 : 그러면 감옥의 다른 편에서 들려오는 어떤 울림이 있다고 더 상상해 보게. 지나가는 사람이 무슨 말을 할 때 그 목소리가 자기 앞에 있는 그림자에서 나오는 소리라고 생각하지 않을까?
글라우콘 : 물론입니다.
소크라테스 : 그들에게 그 상들의 그림자 외에 다른 것이 존재하는 것으로 생각되지는 않겠지?
글라우콘 : 그것은 불가능합니다.
소크라테스 : 이제 그 죄수들이 어떻게 그들의 억압과 무지로부터 풀려나고 치유되는지, 그리고 그들이 다음의 일을 만났을 때 그것이 어떻게 자연스럽게 일어나는지 생각해 보게. 만일 그들 가운데 한 사람이 사슬이 풀려 바로 일어나 고개를 돌리고 빛을 향해 가도록 강요된다면 그렇게 함으로써 그는 아픔을 느끼고 눈

이 부셔서 그가 전에 그림자로 보았던 상태의 실재 사물들을 바라볼 수 없을 것이네.
그리고 어떤 사람이 그가 과거에 본 것은 보잘것없는 것에 지나지 않다고 하면서, 이제 존재에 더 가깝고 더욱 존재를 향하여 있으므로 더 제대로 볼 수 있는 것이라 할 것이네. 그리고 그에게 지나가는 것을 가리키면서 저것이 무엇이냐고 묻고 대답을 강요한다면, 그는 매우 혼란스럽지 않을까? 그리고 과거에 보았던 것이 지금 보는 것보다 더 실재적이지 않을까?
글라우콘 : 그럴 것입니다.
소크라테스 : 그리고 그가 빛을 직접 보게 된다면, 그는 눈이 아파서 도망쳐 그가 전에 볼 수 있었던 곳으로 돌아가 그것이 방금 본 것보다 더 확실하다고 생각하지 않을까?
글라우콘 : 물론입니다.
소크라테스 : 그리고 어떤 사람이 그를 강제로 도망가지 못하게 위로 비탈진 곳으로 끌어올려 그가 햇빛에 나올 때까지 놓아주지 않으면, 그는 매우 고통스러워하며 억지로 끌려가는 것이 아닐까? 그리고 그가 빛으로 나오게 되면 눈이 부셔서 실재 사물들로부터 아무것도 보지 못할 것이네.
글라우콘 : 그럴 겁니다. 바로는 못 볼 것입니다.
소크라테스 : 내 생각으로는 그가 위에 있는 것을 보기 위해서는 적응하는 것이 필요하네. 우선 그는 그림자를 쉽게 볼 수 있을 것이고, 그 다음에는 물에 비친 사람이나 다른 물건들을, 그 다음에

는 그 자체를 볼 수 있을 것이네. 그리고 마찬가지로 하늘에 있는 것과 하늘 자체를 볼 것이네. 밤에 달이나 별빛에서 하늘을 보는 것이 낮에 해와 햇빛 속에서 보는 것보다 쉽기는 하네.

글라우콘 : 그렇고 말고요.

소크라테스 : 그런데 마지막에 가서 그는 해 자체를 보게 될 것인데, 물이나 어떤 다른 곳에 비친 것이 아니라, 그 자체를 그것의 고유한 자리에 있는 것을 보며 관찰할 수 있을 것이네.

글라우콘 : 맞습니다.

소크라테스 : 그 다음에 그는 그것으로부터 모든 시간이 만들어지며, 보일 수 있는 공간 안에서 모든 것을 정돈하며, 동굴에서 그들이 본 것에 대해서 어느 정도 원인이 되는 것이 바로 그것이라는 결론에 도달하게 될 것이네.

글라우콘 : 분명히 그는 그것에 따라 여기에 도달할 것입니다.

소크라테스 : 그러고 나면 그가 전에 살던 곳을 생각하고 자기 신상의 변화는 다행스럽게 여기지만, 그곳에서의 지혜와 함께 잡혀 있던 동료에 대해서 불쌍히 여기지 않을까?

플라톤의 『국가』에 나오는 유명한 동굴의 비유에 해당하는 내용이다.

여기서 플라톤은 사물의 본질을 인식하라고 전한다. 대부분의 사람들은 현상의 허상을 좇느라 많은 에너지를 낭비하고 있음을 동굴 속 사람들의 이야기를 통하여 꼬집는다. 에너지를 잘 사용하는 사람들은 본질을 들여다보려고 애쓴다. 본질을 보기 위해서는 멍 때리는 여유가 필요하다. 멍 때리는 에너지는 본질을 보는 투자다. 성과 없는 사람에게 분노가 나타는 것은 본질을 보라는 신호다.

현대인들은 불필요한 곳에 에너지를 많이 쏟는다. 지식과 정보는 많이 확보할수록 좋다는 인식도 에너지를 낭비하는 길이다. 나와 무관한 지식과 정보는 나의 에너지를 소진시킬 뿐이다. 더구나 불필요한 지식과 정보를 소유하느라 정작 나의 본질을 찾을 기회를 잃게 된다면 에너지의 낭비는 몇 곱절이나 커진다. 몰입은 본질을 찾으려는 노력에서 길러진다. 행복해지려면 몰입하라.

10

不상통
분노 유형

가끔 「KBS 개그콘서트」 프로그램을 시청한다. 특히 '멘붕스쿨' 코너는 우리나라 교육현실과 청소년들의 가치관을 엿볼 수 있어 흥미롭다. 상담선생님은 학생들을 만나지만 그들은 서로가 전혀 통하지 않는다. 학생들은 일방적으로 자기 이야기만 쏟아 내고 선생님은 "요즘 애들 왜 이래?"를 연발하며 분노를 토한다. 서로가 안 통해도 너무 안 통한다. 이 코너를 볼 때마다 그 웃음 뒤에 가려진 씁쓸한 우리네 현실을 돌아보게 된다.

온 가족이 모여 다 함께 공유할 수 있는 것은 무엇일까? 학교에서 교사와 학생과 학부모들이 다 함께 공유할 수 있는 것은 무엇일까? 이웃과 이웃 사이에 온 주민들이 다 함께 나눌 수 있는 것은 무엇일까? 직장에서 전 직원들이 다 함께 공유하는 가치는 무엇일까? 대한민국 사람들이 다 함께 공유하는 것은 무엇일까? 전 인류가 모두 다 함께 공유하며 바라보는 곳은 어디일까? 함께 한다는 것은 무슨 의미일까?

●● 중학교 2학년 여학생을 둔 어느 엄마의 하소연이다. 요즘 부쩍 사춘기 바람이 세게 분다고 한다. 우선 아이는 짜증내는 말투가 눈에 띄게 늘었다. 사춘기 때면 통과의례려니 하고 참아보려고 무척 애를 쓰고는 있지만 무슨 말을 하려면 "싫어! 싫다니까, 왜 그래!"를 반복할 때면 분노가 폭발해 버리고 만다. 또한 빈둥대는 시간도 많아졌다. 주말에 집에 함께 있을 때는 눈에 보이는 모습 하나하나가 신경이 쓰일 만큼 게으름을 피운다. 숙제했느냐는 말만 꺼내면 내가 알아서 하는데 왜 간섭하느냐며 버럭 화를 내고 자기 방으로 들어가서 문을 잠그기 일쑤란다.
얼마 전에 정말 크게 분노가 터진 사건이 있었다. 교복 치마를 친구들과 함께 줄여 왔다. 엄마에게 상의도 없이 그게 무슨 행동이냐며 꾸짖자 엄마는 허락해 주지 않을 것이 뻔할 텐데 무엇 때문에 상의하느냐고 대답했다. 더 기가 막히는 것은 교복은 내 것인데 왜 엄마에게 허락을 받아야 하는지 모르겠다며 도리어 화를 냈다는 것이다.

위 사례는 분노 유형 가운데 '不상통 분노 유형'에 해당한다.

서로 통하지 않으면 분노는 그 틈을 타고 발생한다. 사람 사이에 통하지 않는 것만큼 고통스러운 일도 없을 것이다. 그것도 가까이에서 늘 마주치는 사람과 서로 다른 곳을 보고 산다는 것은 하루하루가 고행이다. 위의 학부모는 딸과 떨어져서 살고 싶다고 고백했다. 이런 상태가 지속되면 고등학교는 기숙사가 있는 학교에 보내 버리고 싶다고까지 말했다. 아마 짐작이기는 해도 그 여학생에게 물어도 같은 심경을 토로하지 않을까 싶다.

그러나 서로 피한다고 해결될 문제는 아니다. 통하는 길은 반드시 있다. 다만 우리가 그 길을 모를 뿐이다. 그 길을 찾아 나서는 것이 상통(相通)이다. 상통은 사람에게 행복을 주는 징검다리다. 행복을 맛보기 위해서는 서로가 서로를 잘 살피면서 공통의 마음이 보일 때까지 포기해서는 안 된다. 분노는 공통의 마음을 찾도록 서로에게 채찍을 가하는 것이다.

상통은 서로 다른 두 대상 사이의 교감이다. 서로의 교감지수가 높을수록 상통은 크다고 할 수 있다. 교감(交感)은 사랑이다. 서로가 잘 통하여 많은 것을 주고받을수록 사랑의 열기는 뜨겁다. 반면에 두 대상 사이에 형식적인 관계를 유지하거나 일방적인 관계를 맺을 때 사랑은 식는다. 우리 사회는 점점 사랑이 식어가고 있다. 그 원인은 짝사랑이다. 현대인들은 짝사랑을 즐긴다. 무엇이든지 함께보다는 혼자하기를 선호한다. 함께하려면 파트너에게 아쉬운 소리를 해야 하는데 그 아쉬운 소리하기는 귀찮고 자존심이 상한다. 굳이 그렇게까지 하지 않아도 살 수 있다. 자기 자존심을 지키기 위해 아쉬운 소리를 하지 않는 것, 이것이 짝사랑의 본질이다.

더구나 요즘은 그 아쉬움을 채워 주는 또 다른 파트너가 등장했다. 그것은 인터넷과 휴대폰, 가상공간이다. 이 도구들은 나의 아쉬움을 발빠르게 알아차리고 그 욕구를 손쉽게 채워 준다. 물론 이러한 파트너의 등장은 상통의 도구인 것만은 틀림없다. 그러나 진정한 사랑은 서로의 아쉬움을 고백하고 교감하여 채워 주는 데서 나온다. 아쉬움은 상통(相通)의 전제조건이다. 아쉬움의 신호가 나타나면 서로의 속을 알아차리고 교류하는 것이 상통의 프로세스이기 때문이다. 짝사랑은 추억이지, 참사랑은 아니다. 참사랑을 위해서는 아쉬움에 예민해야 한다. 나와 나 사이의 아쉬움, 나와 너 사이의 아쉬움, 나와 너 그리고 우리 사이의 아쉬움을 잘 살펴야 참사랑을 이룰 수 있다. 나와 관계 맺고 있는 사람들과 사물들, 그리고 우주자연은 서로가 서로에게 아쉬움을 채워 주는 소중한 존재들이다. 그 아쉬움을 채워 주는 것을 느끼기에 늘 고맙고 감사하다.

위 사례의 엄마에게 "만약 딸이 없었다면 지금 같은 고통도 없을 것이고 편안할 것이니 따님이 없다고 생각하면 어떨까요?"라고 물었다. 그녀는 다음 말을 잇지 못했다. 잘났거나 못났거나 딸이 있다는 사실만으로도 의미가 있다는 것을 느끼는 듯했다.

맹 선생님께서 말씀하셨다.

"풍년에는 젊은이들이 대개 넉넉하지만 흉년에는 젊은이들이 포악하게 된다. 이것은 하늘이 부여한 그들의 재주가 이렇게 다른 것이 아니라 그들이 마음 쓰는 바가 그렇게 만드는 것이다. 지금 밀을 파종하고 씨앗을 덮는데 땅이 같고 심는 시기가 같으면 무럭무럭 자라서 일지 때 모두 익는다.

이때 비록 수확량이 똑같지 않다면 그것은 땅의 비옥하고 척박함에 따라 다르며 비와 이슬이 내려 주는 기후 조건, 들어간 인간의 노력이 같지 않았기 때문이다. 그러므로 무릇 동류인 것은 대부분 서로 같은 법이다. 그런데 어찌 인간에 대해서만 유독 그러한 사실을 의심하겠는가? 성인도 나와 같은 부류의 사람인 것을!

그래서 용자께서 '발 크기를 잘 모르면서 신을 만들더라도 그가 삼태기를 만들지는 않으리라는 점을 안다.'라고 하셨으니 신발이 서로 비슷한 것은 천하의 발 크기가 대부분 같기 때문이다.

입이 즐기는 맛도 같은 점이 있다. 역아는 우리 입이 즐기는 것을 먼저 알았던 자이다. 만일 맛에 대해서 입의 본성이 남과 다르기가 마치 개와 말이 내가 좋아하는 것과 다른 것처럼 다르다면 천하 사람들이 어떻게 한결같이 역아의 맛을 따르겠는가? 맛의 경우에 천하 사람들이 모두 역아가 되기를 바란다. 이것은 천하 사람들의 입맛이 같기 때문이다.

귀도 또한 마찬가지다. 소리에 대해서는 천하 사람들이 모두 사광이 되고자 한다. 이것은 천하 사람들의 듣는 귀가 같기 때문이다.

눈도 또한 마찬가지다. 자도에 대해서는 천하 사람들이 그녀의 아름다움을 보르는 사람이 없다. 자도의 아름다움을 모르는 사람은 눈이 없는 자이다.

그러므로 입은 맛에 대해 동일한 기호를 가지고, 귀는 소리에 대해 동일한 청각을 가지고 있으며, 눈은 색에 대해 동일한 색감을 가지고 있다고 할 수 있다.

그런데 어떻게 유독 사람의 마음만은 공통점이 없겠는가? 사람들의 마음에서 공통점은 무엇일까? 그것은 도리이고 의리이다. 성인이란 인간의 마음의 공통점을 먼저 체득하신 분이다. 그러므로 이(理)와 의(義)가 우리 마음을 즐겁게 하는 것은 추환이 우리들 입을 즐겁게 하는 것과 같다."

『맹자』의 '고자 편'에 나오는 내용이다.

사람은 처음부터 다른 마음을 가지고 세상을 삐딱하게 바라보는 존재가 아니다. 갓난아기는 엄마와 눈빛만으로도 상통한다. 조금만 불편한 모습이 보여도 금세 알아차리고 기저귀를 갈아 주거나 먹을 것을 챙겨 준다. 상통하려는 마음이 준비가 되었기 때문이다. 상통이 어려워지는 것은 맹자의 말대로 '마음 쓰는 바가 달라지기 때문'이다. 한쪽 마음이 사심(私心)으로 기울면 상대 마음도 사심으로 응대한다. 사심과 사심은 부딪치면 부딪칠수록 더욱 멀리 도망치려는 속성이 있다. 서로가 서로를 속이고 있기 때문이다. 이때의 분노는 사심을 잠재우라는 신호다. 그 신호를 적극적으로 수용하고 나와 대상 사이의 초심(初心)을 찾아내야 한다. 상통은 처음마음에서 잘 나타난다. 상통하는 성인(聖人)은 처음마음을 체득하고 그것이 변하지 않도록 잘 지키는 사람이다. 상통은 분노를 줄이고 행복지수를 높여주는 엔도르핀이다.

11
不협력
분노 유형

내가 생일파티에 대해 이야기하자 그들은 열심히 귀를 기울였다. 나는 케이크와 축하 노래, 생일 선물 등을 설명하고, 나이를 한 살 더 먹으면 케이크 꽂는 양초의 수도 하나 더 늘어난다고 이야기했다. 그들이 물었다.

"왜 그렇게 하죠? 축하란 무엇인가 특별한 일이 있을 때 하는 건데, 나이를 먹는 것이 무슨 특별한 일이라도 된다는 말인가요? 나이를 먹는 데는 아무 노력도 들지 않아요. 나이는 그냥 저절로 먹는 겁니다."

내가 물었다.

"나이 먹는 걸 축하하지 않는다면, 당신들은 무엇을 축하하죠?"

그러자 그들이 대답했다.

"나아지는 걸 축하합니다. 작년보다 올해 더 훌륭하고 지혜로운 사람이 되었으면 그걸 축하하는 겁니다. 하지만 그건 자기 자신만이 알 수 있습니다. 따라서 파티를 열어야 할 때가 언제인가를 말할 수 있는 사람은 자기 자신뿐이지요."

말로 모건의『무탄트 메시지』에 나오는 한 소절이다.

호주에 사는 원주민들은 생일맞이 기준이 우리와 다르다. 우리는 물리적으로 정해진 태어난 날이 생일인데, 그들은 자기 자신이 스스로 성장했다는 판단이 들면 구성원들에게 통보하고 그 능력을 선보이는 자리가 생일축하의 날이다. 내가 스스로 새로운 사실을 깨달았으면 그것도 생일 거리가 된다. 남에게 도움을 받기만 했는데 다른 사람들에게 무엇인가 도움을 줄 일이 생겨도 생일이다. 그래서 이들에게 생일은 시시때때로 행해지는 성장과 발전을 축하하는 잔칫날로 통한다. 어느 생일개념이 더 낫다고 판단하기는 어렵지만 그 원주민들은 이 세상에는 공짜가 없다는 정신을 실천하고 있는 점은 배워야 하지 않을까?

●● 대학교 1학년 딸아이를 둔 엄마의 이야기다. 딸아이는 성격도 좋고 공부도 스스로 하는 아이라서 주위에서는 칭찬을 많이 받고 자랐다. 단 한 가지 결점은 집에서 자기 방관리가 엉망이라는 것이다. 청소는 그만두고라도 책상 위에 먹다만 과자 봉지도 그대로, 빨랫감도 그대로, 책도 여기저기 그대로……. 부모는 중학교 때까지는 아직 어려서 철이 덜 들어서 그러려니 하고 지나쳤다. 그런데 고등학교 때에도 달라지는 게 없었다. 지적하면 그때만 잠시 치우는 척하고 다시 그대로였다. 엄마는 그때마다 분노가 치솟았지만 꾹 참고 마음속으로 다짐하기를 대학교에 들어갈 때까지만 참자, 이후로는 인정사정 봐 주지 않을 거라고 아이 방을 청소할 때마다 다짐을 했다. 그런데 대학생이 되어서 시간이 한가한데도 그 버릇은 여전히 고치지 못하고 계속되었다.

엄마는 이래서는 안 되겠다는 판단이 서서 아이를 불러 놓고 더 이상은 가만히 보고 있을 수 없으니 방을 치우지 않으면 늘어놓은 물건들을 다 버리겠다고 통보를 했다. 그런데도 딸은 아랑곳하지 않고 방을 치우지 않고 등교를 했다. 부모는 예고했던 대로 대형 쓰레기봉투를 들고 방에 들어가서 치우지 않은 물건을 몽땅 담아서 현관 앞에 내놓았다. 그러고 나서 밖에 볼 일을 보고 늦게 들어왔는데 들어오면서 보니 그 내다 버린 봉투가 없어서 궁금했지만 엄마는 모른 체했다. 다음날 아침에 보니 딸은 내놓은 봉투를 가져다가 자기 방에 정리를 잘 해 놓았다. 엄마도 딸도 그 문제에 대해서는 함구하고 일상생활로 이어졌다.

그 뒤부터는 제법 자기 방관리가 이루어지기 시작했다. 서로 부딪치는 일도 없고 딸의 고쳐진 습관을 보니 엄마는 그동안 쌓였던 분노가 사르르 녹아 없어졌다. 그런데 2주가 지나니 다시 그 습관이 서서히 고개를 들기 시작하는 것이었다. 그래서 엄마는 지난번처럼 같은 방법으로 봉투에 넣어서 이번에는 더 멀리 내다 버렸다. 딸은 이번에도 아무 말도 하지 못하고 끙끙거리며 물건을 들고 와서 제자리에 정리를 했다.

위 사례는 분노 유형 가운데 '不협력 분노 유형'에 해당한다.

협력하는 능력이 떨어지면 분노는 발생한다. 협력은 공동체에서 구성원들 사이에 길러야 할 필수 덕목이다. 협력은 조직 속에서 각자 자기 몫을 해내는 능력이다. 구성원들은 그때그때 상황에 따라서 서로의 빈 곳을 채워야 모두가 성장하는 시너지 모델이 나온다. 협력은 곧 시너지다. 구성원 가운데 약자가 있다고 해서 무조건 돕는 것은 협력이 아니다. 그 약자에게 알맞은 역할을 스스로 발견하고 수행할 수 있도록 기회를 주어야 한다.

또한 조직 내에서 N분의 1 방식의 할당 역시 협력의 모습은 아니다. 이 방식은 자발적 동기의 가능성을 차단해 버리기 때문이다. 사람은 기계가 아니다. 서로의 협력정신이 존중될 때 그 시너지는 빛을 발하는 법이다. 위 사례의 부모는 늦었지만 학생에게 협력을 가르쳐주는 긍정적인 사례라 하겠다. 가정은 가장 최소한의 조직사회다. 그 속에서 각자는 주인의식을 가지고 배려하는 마음으로 자기 몫을 수행해야 한다.

가장 훌륭한 덕(德)은 억지로 하는 덕이 아니기 때문에 덕이 있다.
가장 낮은 덕은 덕을 잃으려 하지 않기 때문에 덕이 없다.
가장 훌륭한 덕은 억지로 일을 하지 않으며
억지로 일을 할 마음도 없다.
가장 낮은 덕은 억지로 일을 하지 않지만
억지로 일을 할 마음이 있다.
가장 훌륭한 인(仁)은 억지로 일을 하지만
억지로 일을 할 마음은 없다.
가장 훌륭한 의(義)는 억지로 일을 하면서
억지로 일을 할 마음도 있다.
가장 훌륭한 예(禮)는 억지로 일을 하지만
아무도 응해 주지 않기 때문에
소매를 걷어 올리고 남을 잡아끈다.

그러므로 도(道)를 잃은 다음에 덕(德)이 나타나고,
덕(德)을 잃은 다음에 인(仁)이 나타난다.
인(仁)을 잃은 다음에 의(義)가 나타나고
의(義)를 잃은 다음에 예(禮)가 나타난다.
예(禮)는 성실함과 소박함이 엷어진 것이며 혼란의 시작이다.
앞을 내다보는 것은 도(道)의 꽃이며 어리석음의 시작이다.
그러므로 대장부는 두터움에 처하고 엷음에 머무르지 않으며
열매에 처하고 꽃에 머물지 않는다.
그러므로 저것을 버리고 이것을 취한다.

노자의 『도덕경』 38장이다.

'가장 훌륭한 덕(德)은 억지로 일을 하지 않으며 억지로 일을 할 마음도 없다.' 노자는 억지로 하는 행위는 오래가지 못한다고 말한다. 생명력이 없다는 이야기다.

우리 사회는 자발성이 많이 부족하다. 특히 조직 속에서 활동은 수동적인 틀에 익숙해 있다. 학창시절부터 어쩔 수 없이 하는 문화에 익숙하다. 공부도 어쩔 수 없이 하고 시험도 어쩔 수 없이 본다. 직장도 어쩔 수 없이 다녀야 하고 맡은 일도 어쩔 수 없이 한다. 노자는 이렇게 '어쩔 수 없이'를 반복하다 보면 형식적인 틀에 갇히게 된다고 경고한다. 그것이 노자가 말하는 닫힌 인(仁)과 의(義)와 예(禮)의 틀이다.

자연은 우주만물에게 사시사철 변화에 맞게 각자의 역할을 하도록 질서를 부여했다. 그 역할을 자발적으로 발견하여 성실히 수행해야 자

연과 더불어 지속적으로 함께 갈 수 있다. 만약 자기에게 주어진 역할을 제대로 하지 못하면 자연은 그 대상에게 부자연스러움으로 경고를 한다. 그 경고를 듣고 제 역할을 수행하면 다행이지만 그렇지 못하면 분노를 유발시킨다. 협력의 결핍으로 인한 분노는 개인뿐만이 아니라 그 조직 전체에게 손실을 가져온다. 시너지는 역방향으로도 작용하기 때문이다. 한 사람이 나태해지면 그 몫은 누군가는 해야 할 것이며 그 몫이 부당하게 다른 사람에게 전가되었다고 여겨지면 그것을 전달받은 사람은 그 일을 소극적으로 할 수밖에 없을 것이다.

협력은 전체를 보는 눈이 중요하다. 전체에 대한 인식이 클수록 빈 곳은 잘 보인다. 마치 축구경기에서 양 팀 선수들의 움직임을 모두 바라보면서 자신의 포지션과 역할을 수행해야 더 큰 성과를 낼 수 있는 것과 같다. 협력은 개인과 전체를 유기적으로 살리는 자연의 법칙이다. 이 법칙을 충실히 실천하는 개인이나 조직은 지속가능한 성장을 이룰 것이다.

12
不정의 분노 유형

●● 올해 합격한 조카가 찾아왔다. 그는 수능시험도 치르지 않고 수시제도로 합격을 했다. 그래서 정시 준비하는 학생들보다 대학 입학 때까지 자

유시간이 길어서 좋단다. 요즘은 무얼 하느냐고 물었더니 아르바이트하느라 바쁘다고 했다. 그는 패스트푸드점에서 아르바이트를 처음 해 보는데 여러 가지 새로운 경험을 할 수 있어서 좋다고 했다.

그런데 얼마 전에 좋지 않은 경험을 했다며 분노를 토로했다. 주방에서 있었던 일인데 사수가 햄버거를 직접 만들어 보라고 해서 만들다가 그만 서툴러 햄버거 사이에 넣는 재료를 바닥에 떨어뜨리고 말았단다. 그래서 사수에게 죄송하다고 말하고 떨어뜨린 재료를 주워서 쓰레기통에 버렸다. 그랬더니 사수는 조카의 머리를 쥐어박으며 그것이 얼마짜리인데 버리느냐며 다시 꺼내서 사용하라고 훈계를 받았다는 것이다. 조카는 이것은 분명히 아닌데 하면서도 초보이기도 하고 사수의 당연시하는 태도에 그만 버렸던 재료를 다시 사용하고 말았다며 후회를 했다. 그 후 얼마 되지 않아서 여러 가지 사정 때문에 그곳에서 아르바이트를 그만두었지만 내내 마음속에 좋지 않은 기억으로 남아 있다는 것이다.

●● 40대 중반의 어느 여성이 남편 때문에 못살겠다는 하소연을 해 왔다. 남편은 동네에서 정의의 용사로 잘 알려질 정도로 유명하다. 부부는 연립주택이 즐비한 곳에서 살고 있다. 그 지역에서는 이웃 사이에 민원이 자주 발생하는데 주차와 불법 쓰레기투기 문제 때문이다. 지역 주민이 주차할 자리에 인근 상가 사람들이 주차를 하려는 행위가 남편에게 발각되면 대판 한바탕하고 쫓겨난다. 그럴 때마다 이 여성은 주위 사람들의 원성이 들려올 것 같아 불안한 마음에 그러지 말라고 하지만 남편은 막무가내다. 불법 쓰레기투기 문제는 더욱 심하여 이 여성은 이사를 고려할 정도란다. 남

편은 쓰레기를 정규 봉투에 넣지 않고 버렸거나 전자제품 등 신고하지 않은 물건을 버리면 이웃집을 방문 확인하면서까지 그 범인을 찾아 나선다고 한다.

얼마 전에는 구청에 민원을 제기하여 방범용 CCTV까지 설치했다. 그래서 불법쓰레기투기가 발각되면 밤새워 녹화기록을 확인하면서 범인을 찾는다. 남편의 이러한 행동은 좋은 일이기는 하지만 이웃 사이에 왕따를 당하는 분위기가 느껴져서 괴롭다는 하소연이다.

● ● 50대 중반의 어느 남성 이야기다. 일요일이라서 운동도 할 겸 부인과 함께 동네 가까이에 있는 마트에 갔다. 물건을 사고 집으로 돌아오는데 비좁은 길을 중학생 4명이서 담배를 피우며 걸어가고 있었다. 그중 한 명은 여학생인데 남학생들이 번갈아가며 어깨동무를 하는 모습도 영 눈에 거슬리고, 담배를 피우는 것도 거슬리는데 참고 있었다. 하지만 좁은 길을 다 차지하고 있으면서 길을 비켜주지 않는 것에 대해서는 길을 좀 비켜달라고 한마디 했다. 그랬더니 길을 비키기는커녕 당당하게 욕설을 퍼붓는다. 더는 안 되겠다고 생각한 그는 학생들에게 어느 학교에 다니느냐고 물었다. 그랬더니 그중 한 학생이 아저씨가 누구인데 물어보느냐며 말끝에 쌍시옷 말을 흘리며 도망치기 시작했다. 그는 들고 있던 장바구니를 아내에게 맡기고 욕설을 한 학생을 뒤쫓아 가서 잡았다. 그 학생에게 경찰서에 갈 것인지, 학생의 집에 갈 것인지 선택하라고 하니 집에 가겠다고 해서 집으로 데리고 갔다. 집에는 학생의 아버지가 있어서 자초지종을 이야기했더니 아버지는 그에게 사과하고 돌아서자마자 아들의 따귀를 때렸다. 그는 돌아서서 오는데 마음이 영 편치 않았다.

위 사례들은 분노 유형 가운데 '不정의 분노 유형'에 해당한다.

사람은 정의롭지 못한 모습을 보면 분노가 치밀어 오른다. 부정의는 분노의 상당 부분을 차지하는 영역이다. 부정의는 사회의 공기를 탁하게 하기 때문이다. 누구나 불쾌한 공기를 마시면 분노가 발생하지만 특히 사회공기에 예민한 사람은 물불을 가리지 않고 분노를 폭발시킨다. 부정의는 가시적으로 확인이 가능하며 주위 사람들에게 당당한 근거를 제시할 수 있기 때문이다. 정의는 구성원 모두에게 유익한 맑고 깨끗한 공기와 같다. 깨끗한 공기는 누구나 원한다. 그러나 그것을 유지하기는 쉽지 않다. 그 사회구성원들의 협조가 절대적으로 필요하기 때문이다.

위 사례들은 부정의에 대한 분노상황의 다양한 표출을 보여 준다. 첫 번째 사례는 부정의가 강자에게서 제공되는 경우다. 정의에 대한 강자와 약자의 대립은 인류 역사의 흐름만큼이나 흔한 싸움이다. 여기서 한 가지 주목할 부분은 약자는 항상 약자가 아니라는 사실이다. 위 사례의 대학생 조카는 언젠가는 사회에 나가면 강자의 위치에 서게 될 것이다. 그때 부정의의 기억을 반추하며 정의를 실천한다면 그것이 정의로운 사회를 만드는 길이다. 두 번째 사례는 정당한 분노를 어떻게 사용해야 하는지 보여 주는 경우다. 정당한 분노는 개인과 국가발전에 원동력이다. 그러나 정당한 분노는 누가 어떻게 사용하느냐에 따라서 결과는 천지 차이가 난다. 정당한 분노라고 해서 모두가 긍정적으로 용납되는 것은 아니다. 정의를 실천하기 어려운 이유가 여기에 있다. 아무리 정당한 분노라 하더라도 그 사회가 용납하는 법과 규범을 벗어나서는 용납되기 어렵다. 정당한 분노라는 이름으로 다른 정의를 손상시키기 때문이다.

위 두 번째 사례의 남편은 교통질서와 거리질서라는 정의는 이루어냈지만 그것보다 더 소중한 이웃 사이의 믿음과 친분은 잃어버렸다. 교통질서와 거리질서는 엄밀하게 말하면 공무원들의 몫이다. 불편하면 공무원들에게 신고를 통하여 시스템적으로 개선되도록 하는 것이 더 지혜로운 행동이다. 세 번째는 정의는 작은 것부터 실천해야 이루어진다는 경우다. 대한민국은 언제부터인가 어른이 없는 사회가 되었다. 권위와 권위의식은 다르다. 권위가 없는 사회는 정의를 세울 수가 없다. 가정에서 부모가 자녀에게 아부하기 시작하면 그 끝은 걷잡을 수 없다. 그것은 통제의 개념을 상실해 버리기 때문이다. 학교에서 교사가 학생들에게 아부하기 시작하면 옳고 그름을 가르칠 수 없다. 그것은 자기 오만을 통제할 근거를 불신하기 때문이다. 국가를 이끄는 사람들이 국민에게 아부하기 시작하면 독버섯처럼 일어나는 이기심을 막을 길이 없다. 그것은 자기 기준이 정의라고 착각하기 때문이다.

맹자가 말하였다.
"화살 만드는 사람이 어찌 갑옷 만드는 사람보다 어질지 못하리오? 그러나 화살 만드는 사람은 오직 사람을 다치게 하지 못할까 걱정하고 갑옷 만드는 사람은 오직 사람을 다치게 할까 걱정한다. 무당과 장의사가 또한 그렇다. 그러므로 기술을 선택할 때는 삼가지 않을 수 없는 것이다.
공자께서 '마을에 어진 풍속이 있는 곳이 아름다우니 가려서 어진 곳에 거처하지 않으면 어찌 지혜롭다 하겠는가?' 하셨다. 인

(仁)은 하늘이 내리신 '높은 벼슬'이며 사람의 '편안한 집'이다. 아무도 막지 않는데도 불인(不仁)하니 이는 지혜롭지 못한 것이다. 어질지도 못하고 지혜롭지도 못하며 예(禮)도 없고 의(義)도 없으면 남에게 부림을 당하게 마련이다. 남에게 부림을 당하면서 부림당하는 것을 부끄러워하는 것은 활 만드는 사람이 활 만들기를 부끄러워하고 화살 만드는 사람이 화살 만들기를 부끄러워하는 것과 같다.

만일 부끄러워한다면, 인(仁)을 행하는 것보다 더 나은 것이 없다. 인자(仁者)의 자세는 활쏘기와 같다. 활 쏘는 사람은 몸을 바로 한 뒤에야 쏜다. 쏘아서 맞지 않아도 자신을 이긴 자를 원망하지 않고 돌이켜 자신을 반성할 따름이다."

『맹자』 '공손추 편' 가운데 일부분이다.

이 글에서 맹자는 정의라는 것은 결국 양심(良心)이니 자기 자신이 힘써 기르고 지켜나가야 함을 강조한다. 여기서 화살 만드는 사람과 갑옷 만드는 사람의 직업 차별을 이야기하고자 하는 것이 아니라 그 기술을 대하는 양심의 태도를 비유하고 있는 것이다. 사람은 어느 자리에 무엇을 하든지 양심을 기준으로 선택하고 실천한다면 남에게 부림당하지 않는다는 것이다. 부림당한다는 것은 떳떳하지 못하여 늘 남의 눈치를 보며 살아가는 사람을 일컫는다.

또한 정의는 활쏘기처럼 묵묵히 스스로 지켜나가는 것이지, 다른 사람이나 사회를 탓하는 것이 아님을 이야기한다. 아름다운 숲은 하루아침에 이루어지지 않는다. 그와 마찬가지로 정의로운 사회는 한 사람, 한 사람 양심의 땀방울이 모여 강물이 되고 그 강물이 모여서 바닷물이 되듯이 인내하고 또 인내하며 만들어진다. 정의가 살아 있는 사회는 분노가 들어설 자리가 없다.

13

不나눔
분노 유형

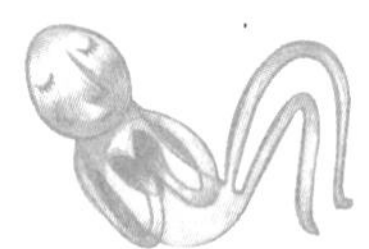

얼마 전 친구를 만났는데 평소와 달리 얼굴이 편안해 보였다. 무슨 좋은 일이 있었는지 물었더니 지난 주말에 지방에 있는 수양원에 다녀왔다고 한다. 그곳에서 무슨 좋은 프로그램을 받았기에 그렇게 밝아졌는지 궁금해서 물었다. 눈에 띄는 특별한 프로그램은 없었다며 그곳에서의 생활을 귀띔해 주었다.

전기도 들어오지 않은 산골인데, 작은 황토방을 2인 1조로 사용하며 1박 2일 동안 밥은 한 끼니밖에 먹지 않는다고 한다. 주로 공복에는 뜨거운 물을 마시며 산행을 하는데 45도 정도 경사진 곳을 복식호흡을 하며 산 정상까지 쉬지 않고 오른다고 한다. 예전에는 이 정도의 산행을 하려면 중간에 여러 번 휴식을 하면서 올라야 했는데 복식호흡을 하면서 오르니 정말로 쉬지 않고 정상에 도달했는데 숨이 가쁘지 않았다는 것이다. 프로그램 진행자는 중간 중간에 현대인들은 불필요한 소비 때문에 기가 낭비되고 있다고 하면서 소식(小食)과 복식호흡, 비움에 대한 건강한 철학을 가지라고 교육한다고 한다. 친구는 비용은 만만치 않게 비싸지만 기회가 되면 다시 가고 싶다고 말했다.

공감하는 수련 프로그램이다. 현대인들은 심신(心身)을 과용하는 데 문제가 있다. 심신의 과용은 자기 조절능력을 감퇴시킨다. 무엇이든지 일정 부분의 경계를 넘어서면 지각의 기능은 마비된다. 지구촌 곳곳에 많은 문제들이 산적해 있지만 가장 큰 문제는 빈(貧)과 부(富)의 차이다. 빈과 부의 문제는 단순한 경제 문제만은 아니다. 그것은 가치와 행복의 척도로 인식되기 때문이다.

빈과 부의 문제는 비단 어제 오늘만의 문제가 아니다. 인간은 기본적으로 생존과 권력과 명예에 대한 도전욕구가 있다. 그 욕구가 빈과 부를 가른다. 문제는 이 욕구가 아니라 그것을 조절하는 능력을 배우지 않는 데 있다. 인류는 생존의 역사였다. 먹을 것을 구하기 위하여 자연과 병과 이웃들과 치열한 싸움을 벌여 왔다. 그 속에서 얻은 교훈은 내가 살아야 다른 존재에게도 베풀 수 있다는 논리였다. 그러나 그 논리는 끝없는 싸움의 논리다. 그 속에서 절제란 무능한 사람의 푸념에 불과할 뿐이다. 생존의 본질은 다른 존재를 살려야 내가 살 수 있다. 땅을 살리고, 하늘을 살리고, 사람을 살려야 내가 살 수 있는 것이다.

또한 인류는 권력의 역사였다. 권력의 힘은 또 다른 힘을 키운다. 그 힘은 커지면 커질수록 가속도가 붙는다. 그 힘의 영향권 안에 있는 사람들은 약육강식은 자연의 법칙이라며 더 큰 힘을 준비하기 위하여 쌓고 또 쌓는다. 그러나 자연은 권력의 힘과 섞이려 하지 않는다. 자연은 영원하지만 권력은 유한함을 잘 알기 때문이다. 사람은 명예에 대한 욕구도 조절하기 쉽지 않다. 타인의 시선이 주는 묘한 존경의 느낌은 쉽게 도취된다. 그 속에서 가식과 허례허식은 품위로 통한다. 그러나 시간은 그 포장을 벗기고 실체를 드러낸다. 생존과 권력과 명예에 대한 교육이 절실한 세상이다.

인간의 욕구는 조절이 가능하다. 자극적인 경험은 더욱 자극적인 욕구를 갈망케 한다. 지인 가운데 매운 것을 좋아하는 사람이 있다. 그는 어느 식당에서 무슨 메뉴를 시키든지 청량고추를 특별히 주문한다. 그는 언제부터 왜 매운 것을 좋아하게 되었는지 뚜렷한 기억은 없다. 이제는 식습관이 되어버려서 맵지 않으면 원하는 맛이 잘 느껴지지 않는다고 한다. 이것은 개인의 기호습관이지만 이것도 지나치면 욕심으로 발전한다. 욕심은 주변 사람들에게 피해를 주게 된다. 습관은 정신적인 요소와 육체적인 요소가 결합되어 형성된다. 즉, 매운 식습관은 매운 것을 좋아한다는 생각의 습관과 매운 것에 익숙해진 미각의 습관이 동시에 작용한다. 따라서 매운 식습관을 조절하기 위해서는 우선 매운 것을 좋아한다는 생각을 의식적으로 통제해야 한다. 이 의지의 힘을 길러가면서 동시에 매운 맛에 예민해진 미각을 여러 가지 맛으로 달래 주어야 한다. 위에서 예를 들었던 수양 프로그램은 아마도 현대인들의 욕심습관을 조절하는 데 초점을 둔 듯하다.

●● 30대 중반의 어느 여성 이야기다. 그녀는 시청 민원실에서 근무를 한다. 그녀에 의하면 요즘 시민들은 똑똑하긴 한데 무례한 경우가 많다고 한

다. 권리행사와 의무행사가 비등해야 하는데 의무는 행하지 않고 권리의 목소리만 크다는 것이다. 그래서 민원실 직원들은 전화 받기를 서로 꺼린다는 것이다.

최근에 분노가 폭발한 것은 직장 상사 때문이란다. 그녀의 상사는 나쁜 버릇이 하나 있는데 골치 아픈 민원인 전화가 걸려오면 일언반구 상의도 없이 그녀에게 전화를 돌린다. 그날도 불쑥 걸려온 전화를 받았는데, 화가 머리끝까지 올라간 민원인은 욕설을 퍼부으며 그녀에게 다짜고짜 소속과 이름을 대라며 호통 치듯 자기 건의사항을 들어주라고 했다. 해당 업무는 해결을 했지만 그 상사에게는 무슨 말을 해야 할지 그녀는 생각이 멍해지면서 온몸이 부들부들 떨렸다고 한다.

위 사례는 분노 유형 가운데 '不나눔 분노 유형'에 해당한다. 나눔이 부족해도 분노는 일어난다. 나눔의 반대어는 욕심이다. 욕심이 과하면 관계의 균형은 깨진다. 그 균형을 유지하라는 신호가 분노이다. 나눔은 대상과 함께하는 마음이다. 대상에 따라서 나눔의 양과 질이 달라진다. 소극적인 나눔은 내가 가지고 있는 것을 대상에게 그 일부를 건네주는 것이다. 봉사활동의 경우가 그렇다. 적극적인 나눔은 대상과 공동으로 분담하는 것이다. 전통의 향약이나 두레의 경우가 그렇다.

위 사례의 민원실 상사는 나눔의 개념이 없다. 어렵고 난처한 민원일수록 경험이 풍부한 상사가 감당해야 할 몫이다. 그것이 나눔의 기본이다. 나눔은 맹목적인 동정심과 다르다. 동정심은 대상에게 의존적인 동정심을 키운다. 그러나 나눔은 인간적인 희망을 키운다. 그 상사가 나눔을 실천하는 모습을 보였다면 민원실 직원들은 시민들을 대하는 태도가 긍정적으로 달라졌을 것이다. 나눔은 희생이 아니다. 희생은 마음 구석에 대가를 원하지만 나눔은 마음자리가 항상 제로다. 그 직원은 희생정신을 발휘하고 있다. 그러나 희생은 분노를 키우는 씨앗이다.

이는 소크라테스의 주장인데, 그는 자제력이 없는 경우는 있을 수 없다고 생각하여, 인식이 다른 어떤 것에 지배되어 이리저리 끌려 다닐 수도 있다는 견해에 반대했다. 소크라테스는 누구도 자신이 최선이라고 판단한 것과 반대되는 행동을 하지 않으며, 오직 무지에 의해서만 그런 행동을 한다고 보았다.

하지만 사실을 관찰해 보면 이런 생각은 잘 맞지 않는다. 욕정에 빠지는 사람은 그것이 나쁜 줄 알면서도 빠진다. 또 술을 마시는 것이 건강을 해친다는 사실을 알면서도 술을 마시는 사람도 있다. 만일 자제할 줄 아는 사람에게 강하고 나쁜 욕정이 있다면, 절제하는 사람은 자제할 줄 아는 사람이 아닐 것이다. 왜냐하면 절제하는 사람에게는 지나치거나 나쁜 욕정이란 없으니 말이다. 그러나 자제할 줄 아는 사람에게는 그런 욕정들이 없을 수 없다. 자제는 욕정이 없는 것이 아니라, 어떤 욕정이 나쁘다는 것을 알고 그것을 따르지 않는 것이다.

한편, 그 욕정들이 약하기는 하나 나쁘지 않은 것이라면, 그것들에 저항한다고 해서 훌륭하다고 감탄할 필요는 없으며, 만일 그것들이 나쁘기는 하나 약한 경우에는 그것들에 저항하는 것이 대단한 것은 못 된다. 만일 자제가 사람으로 하여금 어떤 억지

의견이나 모든 억지 의견을 받아들이게 한다면, 더구나 그것이 그릇된 의견마저 받아들이게 한다면 그것은 좋지 못한 것이다. 그리고 만일 자제력 없음이 어떤 억지 의견이나 모든 억지 의견을 쉽게 버리도록 한다면 '훌륭한 자제력 없음' 같은 것도 있을 수 있다.

넷째, 확신이 있어서 쾌락을 추구하고 선택하는 사람은 자제하지 못한 탓에 쾌락을 추구하는 사람보다 낫다. 왜냐하면 자제하지 못한 사람은 마음을 돌이킬 수 없기 때문에 오히려 확신 있는 사람보다 그 잘못을 고치기가 어렵기 때문이다. 더구나 자제력이 없는 사람에게는 "물에 빠져 질식한 사람에게 무엇을 더 마시게 할 수 있단 말인가?"라는 속담을 적용할 수 있다. 만일 자제력이 없는 사람이 자신의 일에 대해 옳다고 확신까지 갖게 된다면, 그 마음을 돌이키도록 설득하려 해도 소용이 없고, 아주 다른 일을 하도록 설득해도 여전히 그 일을 할 것이기 때문이다.

다섯째, 만일 자제력 없음과 자제력 있음이 모든 일과 다 관계가 있다면, 무조건적인 의미에서 자제력이 없는 사람은 과연 어떤 사람인가? 모든 것에 있어서 자제력이 없는 사람은 없는데, 어떤 사람을 무조건적인 의미에서 자제력이 없다고 할 수 있겠는가?

자제와 관련해서는 대체로 위와 같은 문제들이 제기되는데, 이에 대해 살펴보도록 하자. 먼저, 자제력이 없는 사람은 알고서 그렇게 행동하는가, 아니면 모르고 행동하는가, 그리고 어떤 의미에서 알고 행동하는 것인가에 대해 살펴보도록 하자. 사람이 자제하지 못하고 행동하는 것은 어떤 의미에서 보면 이치에 어긋나는 잘못된 생각 때문이다. 자제하지 못하는 감정 상태가 생기는 이유는 참된 의미의 인식을 갖지 못하고 단지 감성적 인식만을 지니기 때문이다.

다음으로, '무조건적인 의미에서 자제력이 없는 사람'이 있는지에 대해서 생각해 보자. 자제하는 사람과 참을성 없는 사람은 모두 쾌락이나 고통과 관계가 있다는 것은 명백하다. 그런데 쾌락 가운데 어떤 것은 필수적인 것이고, 어떤 것은 그 자체로 선택할 만한 것이지만 지나침으로 흐를 수도 있는 것이다. 식욕이나 성욕과 같은 육체적인 쾌락은 필수적인 것이다. 반면에 승리, 명예, 부, 좋고 쾌감을 주는 것과 비슷한 것들은 그 자체로는 선택할 만한 것이다.

이런 이유 때문에 그 자체로 선택할 만한 것과 관련하여 올바른 이치를 어기고 지나침으로 나아가는 사람들을 보고 무조건적으로 자제력이 없다고 하지 않고, '돈이나 명예, 분노 같은 면에서', 즉 일정한 조건 아래에서만 자제하지 못한다고 말한다. 이런 사람들은 '무조건적으로 자제력이 없는 사람'과는 다르다.

그러나 절제나 방종과 관련 있는 육체적 쾌락에서 자제력이 없는 사람들 가운데 자신의 선택과 판단을 어기면서 온갖 쾌락을 추구하는 사람은 무조건적으로 자제력이 없는 사람이다. 이런 사람들은 '참을성이 없다'는 말을 듣는다. 육체적 쾌락과 관련해서 자제력이 없는 사람과 방종한 사람은 동일하다.

아리스토텔레스의 『니코마코스 윤리학』 일부분이다.

현대인들은 자제력이 부족하다. 벌 수 있으면 필요 정도를 따지지 않고 벌어서 금고에 쌓아 둔다. 먹을 수 있으면 먹을 수 있는 한 배를 채워 보려고 힘쓴다. 놀 수 있으면 놀 수 있는 한, 그 쾌락의 끝까지 가 보려고 도전한다. 권력을 잡으면 그 권력을 부릴 수 있는 한, 더 큰 권력을 위하여 목숨을 던진다. 아리스토텔레스는 이러한 무절제한 행동은 방종이며 그 끝은 분노라고 경고한다. 나눔은 인간적인 아름다움이다.

나는 어린 시절 시골에서 자랐다. 초등학교 5학년 때 잊지 못할 추억이 가끔씩 생각난다. 그 당시 군것질은 대단한 사건으로 인식되었다. 학교 앞에 구멍가게가 하나 있었다. 같은 반 친구 가운데 가장 가난하기로 알려진 친구가 어느 날은 같이 어울려 다니던 친구들을 모아 놓고서 먹고 싶은 것 하나씩을 골라 보라며 군것질 거리를 사주었다. 어린 마음에 좋아라 하면서 빵을 하나 골라 먹었는데 너무 맛이 있었다. 친구에게 돈이 어디서 났으며, 왜 사주느냐고 물었더니 자기 생일이라서 부모님에게 돈을 받았고 한번쯤 친구들에게 사주고 싶었다고 했다. 지금처럼 넘쳐 나는 풍요 속에서 도리어 부족했던 과거 고향의 향기가 그리운 것은 무엇 때문일까.

14
不예의
분노 유형

공자가 말하였다.

"제자들아, 집에서는 효도하고 사회에 나가서는 공손하라.

말과 행동을 신중하게 하여 믿음이 있게 하라.

모든 사람을 고루 사랑하되 특히 인자(仁者)를 가까이 하라.

이 모든 것들을 행하고 여력이 있으면 그때 글을 배워도 늦지 않다."

『논어』 '학이 편'에서 공자가 한 말이다.

최근 기업체 인재 선발 기준에 따르면 신입사원을 선발할 때 인성검사를 통과한 자에 한해서 서류와 면접을 볼 기회를 준다고 한다. 기존에는 서류를 통과하고 면접에서 여러 가지 역량을 체크한 후 제일 마지막 단계에서 인성을 살핀 것이 관례였다. 인성은 큰 결격 사유가 발견되지 않는 한, 형식적인 요식행위에 불과하였던 것이다.

그러나 이제는 인성도 실력의 범위 안으로 점차 들어오려는 움직임이 활발하다. 입학이나 입사시험에서 면접은 상당 부분 인성역량을 평가하고 있기 때문이다. 이러한 시대의 흐름이라면 2500여 년 전의 공자의 말은 먼 옛날이야기만은 아닐 것이다. 공자가 하고 싶은 이야기는 지식과 기술은 결국 사람을 위해서 필요한 것인데, 사람은 제쳐놓고 보여 주기 위한 전시적인 스펙쌓기에만 열중하는 것은 공부의 주객전도 현상이라는 논리다. 오늘날 우리네 교육현실에 정곡을 찌르는 말이다.

인성은 사람다움의 가치다. 사람다움의 가치는 예나 지금이나 존중되는 인간의 품위이다. 무엇이 사람다움이고 어떻게 살아야 사람답게 사는 것인지 그 기준을 정하는 것은 중요하면서도 어려운 문제다. 공자는 사람다움의 기준으로 인(仁)과 예(禮)를 들었다. 仁은 정성을 다하는 사랑의 마음이고 禮는 그 마음을 말과 행동으로 옮기는 실천이다. 사람다움의 품위는 그 사람의 말과 행동에서 나타난다는 것이다. 말과 행동을 적재적소에 가려서 하기란 쉬운 일이 아니다.

그래서 공자는 예의(禮儀)를 공부의 중요한 과목으로 삼았던 것이다. 사실, 예의는 과거보다도 오늘날에 더 필요한 요소가 되었다. 소셜네트워크 서비스의 발달은 몸짓 하나, 말 한마디 거르지 않고 실시간으로 전 세계에 공개된다. 말 한마디 잘해서 성공하는 사람이 있는가 하면, 잘 나가는 지도자나 연예인들이 말 한마디 잘못해서 그 자리에서 내려오는 경우도 허다하다. 이제 예의는 실력으로 인식해야 한다.

●● 사업을 하는 50대 중반 여성의 이야기다. 그녀는 10여 명의 직원들과 함께 웨딩홀을 운영하고 있다. 업무의 특성상 직원들은 대부분 20대가 많다. 요즘 젊은 사원들은 개성도 뚜렷하고 자기 할 말도 잘해서 좋은 반면에, 너무 언행이 가벼워서 업무상 거슬리는 경우가 많다고 한다. 틈틈이 직원교육을 시켜 보지만 한계가 있어서 개별적으로 불러서 시정을 요구하

기도 한다.

그럴 때 직원들은 잔소리는 듣기 싫어하고 조금만 더 세게 들어간다 싶으면 그만두는 경우가 많다고 한다. 직원이 자주 바뀌는 것은 경영적 측면에서도 손실이 큰데, 사장이 문제가 있는 것인지, 직원이 문제인지 어떻게 풀어 가야 할지 모르겠다는 하소연이다.

●● 30대 초반의 직장인 남성 이야기다. 고등학교 때부터 친하게 지내던 친구가 근처에 살아서 종종 함께 만나 테니스를 즐긴다. 그 친구는 다 좋은데 시간 약속을 지킨 적이 거의 없다. 만날 때마다 20~30분 정도 꼭 늦게 나와서 지적을 하면 그때마다 이유를 대며 별것 아닌 듯 슬쩍슬쩍 넘어간다는 것이다.

그는 그때마다 분노가 일어나지만 번번이 늦어서 이제는 포기하고 본인도 약간씩 늦추어 나가고 있다고 한다. 어떤 때는 그 친구와 운동하는 것을 포기할까도 생각했지만 지금 현재 상황에서 운동 파트너로는 여러 가지 조건이 좋아서 그럴 수도 없다. 만날 때마다 마음 한구석에는 지금도 분노가 쌓이고 있어서 어떻게 처신하는 것이 좋을지 고민이란다.

●● 40대 중반의 어느 여성 이야기다. 부모님 칠순을 맞이하여 부모님과 함께 가족여행을 떠났다. 삼형제 가족과 시누이 가족해서 네 가족이 제주도로 2박 3일을 다녀왔다. 결혼해서 처음으로 대가족 여행을 했는데, 부모님들은 너무 기뻐하며 어려운 시간을 내주어서 고맙다고 했다. 문제는 맏며느리의 태도였는데, 평소 때와는 너무 다른 행동에 셋째 며

느리인 그녀는 당황스럽고 분노가 치밀었다고 한다. 맏며느리는 중학교 교사인데, 평소에는 집안일이 있으면 이 핑계 저 핑계 대며 빠져나가다 여행 기간에는 일정이나 코스, 식단, 쇼핑 등 모든 문제를 일방적으로 결정하여 통보하듯이 주도했다는 것이다. 평소의 행동과 다른 모습도 힘들었지만 손아래 동생이라고 무시하는 언행이 특히 불쾌했다는 것이다. 여행 후 더 친해져야 하는데 그 후유증이 지금도 남아 있어서 불편한 관계라고 했다.

위 사례는 분노 유형 가운데 '不예의 분노 유형'에 해당한다.

어느 쪽에 예의(禮儀)가 없다 싶으면 분노는 치밀고 올라온다. 예의는 대인관계에서 정서를 움직이는 가장 예민한 기준이다. 따라서 예의는 분노를 유발하는 요소 가운데 상당 부분의 영역을 차지한다. 그 중요도 만큼 어려운 것이 예의를 지켜 나가는 것이다. 예의를 실천하기 어려운 이유는 시대와 장소와 문화, 조직과 가치 등 그때그때마다 상황에 알맞게 대응해야 하기 때문이다.

즉, 변화의 요인이 너무 많기 때문에 기준잡기가 어렵다는 것이다. 공자는 이 복잡한 변인들을 단순화시키려 노력한 사람이다. 공자는 제자가 좌우명이 무엇이냐고 물으니 '恕'라고 했다. 이것은 '다른 사람을 대할 때 그 상황에서 나라면 어떤 마음으로 어떤 관계를 원할까를 먼저 생각해 보고, 바로 그 내 마음으로 상대를 대해 주라는 말'이다. 이것은 예나 지금이나 사람 사이에서 통할 수 있는 이상적인 예의의 기준이다.

이 기준은 논리적으로는 쉽게 이해가 가는데 일상생활에서 실천하기는 무척 어려운 이야기다. 그래서 예의도 공부가 필요한 것이다. 위 사례들은 '恕'를 기준으로 보면 분노를 일으킬 충분한 사건들이다. 첫 번째 사례는 직장에서의 예의에 관한 경우다. 직장은 고객에게 충실한 서비스를 하기 위해서 모인 곳이다. 그 목적을 도달하기 위한 기준으로 서로 상대방의 입장을 헤아려 보고 언행을 해야 한다.

위 사례에서 사장은 직원의 언행이 손님들에게 거슬린다고 판단했기 때문에 충고를 한 것은 예의에 맞다. 다만 사장도 그 직원의 입장에 서서 여러 가지 근무조건 등을 고려하여 사장의 입장을 주입하려 하기보다는 고객의 입장을 고려한 더 나은 방법을 직원이 스스로 찾도록 하는 것도 고려해 봄직하다. 두 번째 사례는 친구 사이의 예의에 관한 경우다. 좋은 친구는 신뢰가 깊다. 서로 믿음이 강할수록 친한 친구다. 위 두 번째 사례의 남성은 친구의 지각에 처음에는 분노를 전했지만 차츰 시들해졌다.

물론 이 경우 1차적으로는 약속을 밥 먹듯이 어기는 친구는 예의가 없는 사람이다. 그러나 사례자 남성도 예의를 지킨 것은 아니다. 친구 사이에 '신뢰에 금이 가기 시작했는데도 본질에서 물러서 있는 태도'는 예의가 없는 행동이다. 함께 운동을 하지 못하는 한이 있더라도 끝까지 지각의 문제에 대하여 고칠 수 있도록 도와야 예의를 다한 것이다.

세 번째 사례는 가족 사이에서 지켜야 하는 예의다. 가족 사이의 예의가 가장 어렵다. 가깝기 때문에 서로 더 잘 보이고, 가깝기 때문에 쉽게 이해해 줄 것이라고 믿고 예의를 지키지 않는 경우가 많다. 위의 맏며느리는 1차적으로 예의가 없다. 어쨌든 둘 이상만 되어도 서로의 의사를 물어보고 의견을 조율해서 일을 추진하는 것은 당연한 예의다. 그러나 둘째와 셋째 며느리도 가족구성원으로서 예의를 지킨 것은 아니다. 평소에도 맏며느리와 원만한 관계를 맺지 못한 것도 문제였고, 여행 기간에도 독단적인 행동을 하였을 때 정중히 손아랫사람의 입장에서 예의를 갖추어 이의를 제기해야 했다.

예의는 인간관계에서 서로의 정서를 존중해 주는 마음이다. 이미 상대의 마음에 대한 선입견이 서 있으면 고운 말이나 공손한 태도가 나오기 어렵다.

이러한 여러 이유들은 종류가 서로 다르다. 이에 상응하는 사랑과 우정의 형태도 다르다. 그러므로 우정에는 '사랑할 만한 것'과 같이 세 가지 종류가 있다. 이러한 세 가지 우정과 관련하여 호혜적이고 상대방에게 인식된 사랑이 있는데, 이때 서로 사랑하는 사람들은 사랑하는 측면에서 서로에게 선을 희망하고 있다. 상대방의 유용성 때문에 서로 사랑하는 사람들은 상대방을 위해서가 아니라 오히려 상대방으로부터 얻은 어떤 선 때문에 사랑한다. 쾌락 때문에 사랑하는 사람들도 마찬가지다. 예를 들면, 기지 있는 사람들을 사랑하는 것은 그들의 품성 때문이 아니고 유쾌하기 때문이다. 그러므로 이러한 우정은 부수적일 뿐이다. 이때 사랑받는 사람은 그 사람됨 때문에 사랑받는 것이 아니고, 어떤 선 또는 쾌락을 제공하고 있기 때문에 사랑받는 것이다. 그러므로 이러한 우정은 상대방이 이전과 달라질 경우 쉽사리 소멸한다. 상대방이 더 이상 유쾌한 인물이 못 되거나 유용한 인물이 못 되면 그를 사랑하기를 그치기 때문이다.

그런데 유용한 것은 언제까지나 유용한 것이 아니고 늘 변하는 것이다. 그러므로 우정의 동기가 사라지면 우정도 소멸한다. 이런 우정은 그와 관련한 목적 때문에 존재했던 것이다. 이러한 종류의 우정은 주로 노인들 사이에 존재하는 듯하며, 또한 장년이나 청년의 경우에는 공리를 추구하는 사람들 사이에서 존재하는 것 같다.

한편, 젊은 사람들 사이의 우정은 쾌락을 목표로 삼는 것 같다. 그들은 감정의 변화에 따라 생활하고, 자신들에게 쾌락을 주는 것, 특히 눈앞에 있는 것을 추구하기 때문이다. 그러나 나이가 들어감에 따라 그들의 쾌락도 달라진다. 그래서 친구가 되는 것도 빠르고 결별하는 것도 빠르다. 그들의 우정은 유쾌하게 여겨지는 것이 변함에 따라 변한다. 그러한 쾌락은 급히 변한다.

완벽한 우정은 선한 사람들의 우정이며, 덕에서 서로 닮은 사람들의 우정이다. 그들은 상대방이 선한 사람인 경우 서로에게 좋은 것을 희망하며, 그들 자신이 선한 사람이기 때문이다. 그런데 친구를 위해서 좋은 것을 희망하는 이들이야말로 참된 의미의 친구라고 할 수 있다. 이러한 사람들은 본성적으로 그렇게 하는 것이지, 우연히 그렇게 하는 것이 아니다. 그러므로 그들의 우정은 선한 동안 지속되는 것이다. 그리고 선은 영속하는 성질을 지니고 있다. 그들은 무조건적으로 친구에게 선하게 대한다. 모든 우정은 선이나 쾌락을 위해 있으며, 또 그와 같은 유사성에 기초하고 있다. 그리고 선한 사람들의 우정에는 우리가 말한 모든 성질이 속해 있다.

그러나 이러한 우정은 흔치 않다. 사실 본성적으로 선한 사람은 드물다. 더구나 그들의 우정은 시간과 친숙함을 필요로 한다. 속담에서 말하고 있는 것처럼, '소금을 함께 먹은 뒤'가 아니면 사람들은 서로 상대방을 알 수 없다. 또 서로 사랑할 만하다고 생각되고 상대방에게서 신뢰를 받게 될 때까지는 마음이 허락하여 친구가 될 수도 없고 친숙하게 될 수도 없다. 우정의 정을 급히 서로 표시하는 사람들은 친구가 되기를 원한다. 하지만 둘 다 상대방을 사랑할 만하고, 이 사실을 두 사람 모두 알고 있지 않다면 그들은 친구가 아니다. 우정에 대한 바람은 금방 생기지만, 우정 자체는 그렇지 않기 때문이다.

아리스토텔레스의 『니코마코스 윤리학』 일부분이다.

사람답게 산다는 것은 동서고금이 크게 다르지 않다. 아리스토텔레스는 예의는 서로 선(善)를 지켜가는 것이라고 한다.

사람은 각자 주관적인 기준으로 관계를 맺다 보면 이해적으로 흐를 수 있다. 따라서 객관적인 선 기준으로 삼으면 지속적으로 좋은 관계를 유지할 것이라는 생각이다. 공자의 '恕'와 아리스토텔레스의 '善', 이 둘의 공통점은 예의는 단순한 에티켓의 차원을 넘어선다는 점이다.

예의는 결국 겉으로 표현되는 언행인 것은 맞지만 그 뒤에 있는 사람을 사랑하는 마음이 더욱 중요하다는 것이다. 5천 년의 역사 속에 숨 쉬고 있는 이 땅의 예의의 정신을 찾아서, 현대사회에 맞게 리모델링하여 가장 한국적인 예의를 당당하게 수출하는 그날을 꿈꾸어 본다.

15

不포용
분노 유형

지방에서 강의를 마치고 강의실을 나오려는데 40대 후반 정도 되어 보이는 한 여성이 뒤따라 나서면서 교수님은 분노가 없느냐고 물었다. 그 대답에 앞서서 왜 그것이 궁금하느냐고 물었다. 그랬더니 자기를 비롯하여 자기 주위의 사람들은 분노가 많은데 교수님과 그 주위 사람들은 분노가 없는 듯해서라고 답했다.

사람에게 분노가 있느냐, 없느냐는 질문에 문제가 있다. 언제, 누구에게, 무엇 때문에 분노가 발생하고, 그 분노를 어떻게 해결하는가가 질문거리여야 한다. 그녀에게 최근에 언제, 누구에게, 무엇 때문에 분노가 발생한 적이 있느냐고 다시 물었다. 대답인 즉, 얼마 전 우연히 남편의 휴대폰 문자를 보게 되었는데 마치 애인과 대화하듯이 내용이 사적인 감정의 글을 보게 되었다고 한다. 그가 누구냐고 따져 묻자 남편은 같은 직장에 근무하는 직원이라고 했다. 그래서 그런 식의 대화는 용납할 수 없으니 앞으로 주의해 달라고 남편에게 경고를 했는데도 불구하고 별것 아니라는 말만 반복하고 있다는 것이다. 그녀는 너무 분통해하며 나중에는 말을 잇지 못했다. 그 상황에서 딱히 뭐라 말하기 묘해서 다음에 이야기를 나누기로 하고 발길을 옮겼다.

돌아오는 길에 그 여성의 사연과는 관계없이 내 자신에 대해서 이것저것 돌아보는 시간을 가졌다. 나에게 가장 영향력 있게 에너지를 주는 사람은 누굴까? 나를 가장 믿어 주는 사람은 누굴까? 나를 가장 존중해 주는 사람은 누굴까? 바로 어머니였다. 어머니는 19살에 시집와서 6남매를 키우시고 72세를 일기로 세상을 떠나셨다. 어머니는 많이 배우지도, 미모가 출중하지도 그렇다고 해서 이렇다 할 특기도 없으셨다. 그런데도 나에게는 지금까지 한 번도 변함없이 지켜 주는 든든한 힘이 되어 주신다. 생각하면 생각할수록 고맙고 감사하고 죄송하다. 그 크나큰 힘의 원천은 자식에 대한 절대적인 믿음이었다. 나는 어릴 때부터 돌아가시기 전까지 어머니가 나를 의심한다는 생각을 한 번도 가져 보지 못했다. 그것이 청소년기의 방황과 사회생활에서의 어려움을 극복하게 해 준 중심이었다. 그 절대적인 믿음은 포용(包容)이다. 사람은 포용의 마당에서 가장 자유롭게 뛸 수 있다. 그곳은 가장 순수한 어머니의 품이기 때문이다.

●● 50대 중반의 어느 고등학교 교사의 사연이다. 그는 맏아들로서 엄격한 부모님 아래서 자랐는데 학업이 늦어지는 바람에 결혼이 늦어졌다. 그러던 차에 부모님의 권유로 중매결혼을 했다. 까다로운 부모님이기에 아무래도 부모님이 추천한 배필을 선택하면 이후에도 책임을 나눌 수 있다

는 생각에 선뜻 결혼을 허락했다.

그런데 결혼 후 지금까지 단 하루도 마음 편히 살지 못하고 있다고 한다. 부인은 남편에 대하여 모든 것이 불만이다. 경제적으로 남들과 비교하면서 부족함을 지적하고 가정생활도 남들과 비교하면서 결점만을 들추어내고 사사건건 간섭이 심해서 못살겠다는 것이다. 더구나 부인은 점차 바깥 출입도 하지 않는 채 다른 사람들과도 왕래를 끊기 시작했다. 혹시 더 큰 일이 나지 않을까 해서 정신과 병원에도 한 번 갔는데 그 뒤로는 돈 들어간다며 거절하고 있다는 것이다. 아이들도 엄마의 눈치를 보느라 심정적으로 많이 힘들어 한다고 한다. 참으로 안타까운 사연이다.

위 사례는 분노 유형 가운데 '不포용 분노 유형'에 해당한다.

포용(包容)이 결핍되어도 분노가 발생한다. 포용은 상대보다 한 차원 더 높아야 가능하다. 서로 비슷한 조건끼리는 포용하기 어렵다. 포용은 대상에 대한 절대적인 믿음에서 나온다. 그래서 특히 포용의 덕목은 가족 사이에서 많이 적용된다. 가족 구성원들은 서로가 서로를 포용해야 한다. 대개는 그 위계에 따라서 포용이 발휘되는 것이 자연스럽다. 조부모는 부모를 포용하고 부모는 자녀를 포용하는 것이 일반적이다. 그러나 반드시 그 서열을 따라서 포용이 진행되어야 하는 것은 아니다. 사람에 대한 절대적인 믿음의 관계는 서열과는 무관하기 때문이다.

위 부부의 사례는 들려준 정보만을 가지고 판단한다면 부부 모두가 믿음에 대한 의지가 부족한 것이 문제의 발단이었다. 배우자의 선택에서도 그는 자신의 의지보다는 책임을 부모에게 전가하려는 쪽에 무게를 둔 것부터가 문제다. 설령 그렇게 결혼을 했더라도 더욱 서로가 믿음을 확인하고 지켜나가기 위하여 노력을 했어야 했다. 특히 부부 사이의 믿음의 문제는 어느 한쪽의 일방적인 경우보다는 쌍방향의 문제로 접근하는 것이 더 합리적이다. 결혼의 전제는 쌍방 간의 믿음에 대한 합의에서 출발했기 때문이다.

노나라에 왕태라는 사람이 있었다. 왕태는 형벌을 받아 발 하나가 잘린 사람이었다. 그러나 왕태를 따르는 제자가 공자의 제자와 맞먹을 만했다.

상계가 공자에게 물었다.

"왕태는 외발인데 따르는 자가 선생님의 제자와 노나라를 둘로 나눌 정도입니다. 왕태는 서서 가르치지도 않고, 앉아서 논하지도 않는다는데, 사람들이 빈손으로 가서 가득 채워서 돌아온다고 합니다. 정말로 말을 하지 않고 가르칠 수 있을까요? 왕태는 밖으로 드러내지 않아도 마음이 완성된 분일까요? 왕태는 어떤 사람일까요?"

공자가 대답했다.

"왕태는 성인이시다. 나는 아직 찾아뵙지 못했지만, 앞으로 그분을 스승으로 모실 작정이다. 그러나 나보다 못한 사람이야 말할 게 있겠느냐? 노나라 사람뿐 아니라 온 세상 사람들을 이끌고 그분을 따르려 한다."

상계가 말했다.

"그분은 외발인데, 선생님보다 훌륭하다니 보통 사람은 아니겠군요. 그런 분의 마음 씀씀이는 뭔가 다르겠네요."

공자가 말했다.

"살고 죽는 일은 아주 큰 문제이지. 하지만 살고 죽는 일도 그분을 변하게 하지는 못한다. 하늘과 땅이 뒤집혀도 그분을 전혀 움직이지 못하지. 그분은 진리를 깨달은 분이라 사물 따위에 따라서 변하지 않는다. 사물의 변화를 자연의 문명으로 알고 그대로 따르면서 도의 근본을 지키는 마음을 갖고 있는 분이니라."

상계가 물었다.

"무슨 말씀이신가요?"

공자가 대답했다.

"다른 입장에서 보면 하나의 몸 안에 있는 간이나 쓸개도 초나라와 월나라의 관계와 같지만, 같은 입장에서 본다면 만물은 모두 하나이지. 왕태 같은 분은 눈으로 즐기고 귀가 좋아하는 것들을 모르신다. 만물을 똑같은 것이라고 볼 뿐 바깥 모습의 변화 따위는 보지를 않아. 그래서 발이 하나 잘려도 그 일을 옷에 묻은 흙을 털어 내는 일 정도로 생각할 뿐이지."

상계가 말했다.

"그분은 지혜로 마음을 터득하고, 터득한 마음으로 흔들리지 않는 수준까지 올라가는 등 자기수양만 했을 뿐인데, 왜 사람들이 이렇게 모여들까요?"

공자가 대답했다.

"사람이란 게 말이다, 상계야. 흐르는 물에는 자기 모습을 비춰 볼 수 없지 않느냐. 다만 고요한 물에서만 자기 모습을 비춰볼 수 있다. 오직 고요한 물만이 자기 모습을 보려고 하는 사람들을 머무르게 할 수 있다. 땅의 식물 가운데 소나무와 잣나무만이 사시사철 푸르다. 목숨을 받은 사람들 가운데 요 임금과 순 임금만이 사람들을 올바르게 만들어 만물의 으뜸이 되셨다.

사람이 천성을 올바르게 갖고 있으면 어떤 일에도 당황하지 않는다. 용감한 군인은 혼자서 천군만마 속을 헤치고 싸운다. 명예를 위해 자기 목숨을 하찮게 여기는 것이야. 하물며 왕태는 천지를 지배하고, 만물을 감싸 안으며, 자기 몸을 임시로 거처하는 곳이라고 생각한다. 자기 귀와 눈을 장식품으로 생각하고 지식으로 알 수 있는 모든 것을 하나로 생각하여 삶과 죽음을 초월한 사람이다. 왕태가 무엇을 두려워하겠느냐? 무엇 때문에 굳이 세상의 평판을 얻으려 하겠느냐? 오직 사람들이 왕태를 따르는 것뿐이다."

『장자』'덕충 부'에 나오는 내용이다.

'다른 입장에서 보면 하나의 몸 안에 있는 간이나 쓸개도 초나라와 월나라의 관계와 같지만, 같은 입장에서 본다면 만물은 모두 하나이지.' '포용'의 개념을 명확하게 정의내린 말이다. 서로 다른 마음으로 보기 시작하면 하나의 몸 안에 있는 간이나 쓸개조차도 서로 원수처럼 보인다는 말이다.

그러나 서로 같은 마음으로 보면 모두가 조화로운 한 덩어리로 느껴진다는 이야기다. 포용은 그 대상과 하나됨이다. 나와 대상 사이에 가려진 벽이 없다는 의미다. 분노는 포용의 무대에서는 그 역할이 없다.

•제3장•

분노[火]를 깨닫다

분노조절 3단계는 분노깨닫기다. 2단계에서 분노의 원인을 발견하였으니 3단계에서는 분노 유형을 기준으로 분노의 주체와 객체가 정당하게 겨루는 과정이다. 대개 이 과정에서 겨루는 핵심적인 내용은 분노주체의 분노습관과 분노객체의 분노습관이다. 여기에서 승자는 기존에 굳어진 분노습관을 누가 더 잘 깨는가이다. 인간은 학습과 기억이 강점이지만 때로는 그것이 약점이 되기도 한다. 특히 잘못된 분노의 학습과 기억은 진드기처럼 붙어 다니면서 평생을 괴롭힌다. 대한민국 사람이 습관을 바꾸는 데 소요되는 기간은 약 100일이라고 한다. 100일 기도하는 마음으로 분노습관 깨기 5가지 품세를 활용하여 분노주체와 객체 사이의 분노습관을 깨는 데 정진해야 한다. 그 품세에는 역지사지, 동문서답, 타산지석, 결자해지, 유비무환 등이 있다. 분노깨닫기는 분노 공부의 소통 단계이다.

1
분노의 습관을 깨라

일본 고지마는 자연생식지 연구로 잘 알려져 있는 아담한 섬이다. 그 섬에는 약 100마리 정도의 야생 원숭이가 생식하고 있다. 교토대학 영장류 연구소에서는 원숭이들에게 흙이 묻은 고구마를 먹이로 주었다.

어느 날, 어떤 원숭이 한 마리가 우연히 고구마를 바닷가에 떨어뜨렸다. 원숭이는 깜짝 놀라며 고구마를 얼른 주워서 밖으로 나와 살피더니 먹기 시작했다. 그런데 그 원숭이는 바닷물에 씻겨진 고구마의 맛을 알았는지 다음날도 그런 행동을 반복했다. 시간이 지나면서 그를 따라 하는 원숭이가 늘어났고, 마침내 그 섬의 모든 원숭이들이 고구마를 씻어 먹게 되었다고 한다. 처음 한 마리의 원숭이가 고구마를 씻어 먹은 때로부터 100여 마리의 모든 원숭이가 바닷물에 씻어 먹는 데까지 50년이 걸렸다는 설도 있고, 다른 섬에 살면서 이들과 접촉이 없던 원숭이들도 이들처럼 고구마를 씻어 먹는 현상이 나타나게 되었다는 설도 있으며, 그 행동은 10여 년 동안 지속되다가 사라졌다는 설도 있다.

어쨌거나 중요한 것은 수천 년 동안 그냥 먹었던 고구마를 씻어 먹는 문화로 터닝했다는 점이다. 문화적 습관을 바꾼다는 것은 결코 쉬운 일은 아니다. 문화는 학습되고 공유되며 총체적이며 축적하려는 속성이 있기 때문이다. 그러나 앞서 말한 원숭이 이야기는 문화적 습관의 변동은 소수의 터닝메이커에 의해서 상당한 시간이 흘러야 바뀐다는 교훈을 준다.

정서(情緖)는 인간만이 느끼는 독특한 감정 영역이다. 개인이든 집단이든 정서가 모여 일정한 형식을 갖추게 되면 '정서문화'라고 표현한다. 정서문화는 행복과 불행을 가르는 기준이기도 하다. 정서문화는 주관과 객관, 몸과 마음, 물질과 정신, 개체와 전체, 시간과 공간을 넘나들며 빚어내는 가치근력이다. 가치근력이 튼튼한 사람은 행복지수가 높다. 가치근력은 정서조절의 습관에서 길러진다. 사람은 정자와 난자의 수정 이후부터 정서가 작동한다. 산모를 통하여 간접적으로 외물과 접촉하게 된다. 소리, 날씨, 음식, 기분, 정보 등을 맛보고 소화하며 기억한다. 세상 밖에 나와서는 더욱 적극적인 접촉을 시도한다. 시각, 청각, 후각, 촉각, 미각의 감각기관을 부리며 가치가 있다고 여기는 것들은 정서의 창고에 저장해 둔다.

정서조절이란 정서의 창고에 무엇을 남기고 무엇을 버릴 것인지의 판단능력이다. 대개 가치는 결핍의 욕구를 충족하려는 데서 발생한다. 땀을 많이 흘려 염분의 농도가 진해지면 갈증이라는 신호를 통해 물을 끌어당긴다. 항상성을 유지하려는 몸의 입장에서는 이때 물이 필요하며 주위에 물의 공급원이 열악할수록 희소가치는 더욱 커진다. 나에게 가치가 있다고 여기는 것은 상대적으로 그것이 나에게 부족하다는 신호다. 사람은 자기에게 부족하다고 여기는 것을 정서창고에 저장하려는 속성이 있다. 정서창고에 저장되어 있는 것, 그것은 의식적이든 무의식적이든 아직도 결핍의 상태로 잠재하고 있는 것이다.

여기서 주시해야 할 부분은 정서문화의 변동성이다. 개인이든 집단이든 정서문화는 시간과 공간에 따라서 변화한다. 과거에 어떤 상황에서 물이 없어 고생을 했다고 해서 지금도 물통을 들고 다닐 필요는 없는 것이다. 정서조절 능력이 탁월한 사람은 그 변화를 잘 읽고 주도한다. 그러나 정서문화의 변화에 둔감한 사람은 인간관계에서 늘 부딪치고 갈등을 유발한다.

30대 중반의 여성이 상담을 요청했다. 내용은 남편이 일곱 살 난 유치원 아들에게 공부를 강요하며 매일매일 폭언과 폭행을 일삼는다는 것이다. 심지어 밥을 먹을 때에도 잠시도 쉬지 않고 학습지 시험 결과를 추궁한다는 것이다.

남편과의 상담에서 그 이유를 물었더니 부모가 자식에게 공부시키는 것은 당연하다는 주장이었다. 학습능력을 수용하기에는 아직 어리기 때문에 우선 정서적인 역량을 기르면서 차츰 학습능력을 길러 주는 것이 더 좋은 결과를 얻을 수 있다고 말했지만 막무가내였다. 조심스럽게 그에게 "만약 당신이 유치원 시절로 돌아간다면 무엇을 하고 싶은가?" 라고 물었다. 그는 잠시 머뭇거리더니 사실 자기는 여섯 형제 가운데 셋째인데 가정형편이 어렵다는 이유로 공부의 때를 놓치게 한 부모님이 지금도 가장 원망스럽다고 했다. 그는 자녀에게 자기처럼 후회와 원망의 삶을 살지 않게 하려고 최선을 다하고 있을 뿐이라고 말했다. 정서창고에 배움이라는 결핍의 씨앗을 부정적으로 판단하고 습관화하여 결국 분노표출이라는 결과를 초래하고 있는 사례다.

현재 그는 비교적 안정적인 직장생활을 하고 있으며 30대 중반이다. 따라서 정서조절 능력이 있는 사람이라면 정서창고에 남아 있는 배움이라는 결핍의 씨앗을 현재의 시간과 공간을 지각하여 긍정적으로 판단하여 지금부터라도 배움의 결핍을 충족할 만한 도전의 기회를 만들어 나갈 것이다.

부처님께서 말씀하셨다.

"보살아, 세 가지 큰 일(事)에 대해서 그 마음을 경책하고, 세 가지 큰 진리에 그 행위를 들여보내야 한다."

지장보살이 말하였다.

"무엇이 세 가지 일(事)에 대해서 그 마음을 경책하는 것이며, 무엇이 세 가지 진리에 한결같은 행위로 들어가는 것입니까?"

부처님께서 말씀하셨다.

세 가지 일(事)이라는 것은 첫째는 인(因)이고, 둘째는 과(果)며, 셋째는 식(識)이다. 이와 같은 세 가지 일은 본래부터 공(空)하여 나의 진아(眞我)가 아니니, 어째서 이것에 대해서 애착을 내겠는가? 이 세 가지 일이 계박에 의하여 흔들려 고해(苦海)에 표류함을 관찰하여, 이와 같은 일로써 항상 스스로 경책해야 한다. 세 가지 진리라는 것은 첫째는 보리의 도(道)로서, 평등한 진리이지, 평등하지 않은 진리가 아니고, 둘째는 대각(大覺)으로서, 바른 지혜로 얻은 진리이지, 거짓된 지혜로 얻은 진리가 아니며, 셋째는 지혜와 선정으로, 다름이 없는 행위로 들어간 진리이니 잡된 행위로 들어간 진리가 아니다. 이러한 삼제로써 불도를 닦으면 이 사람은 이 법에 대해서 정각(正覺)을 얻지 아니함이 없고, 정각의 지혜를 얻어서 매우 큰 자비를 흘러보내니, 자기와 남을 모두 이익되게 하여 부처님의 깨달음을 이루게 된다.

『금강경』의 일부분이다.

부처는 인(因)과 과(果)와 식(識)의 구조를 잘 알면 과거나 미래에 매이지 않고 현실에 집중할 수 있다고 말한다. 인은 과거의 분노대상이고 과는 분노의 상처이며 식은 분노의 기억이다. 사람은 과거의 분노를 해소하지 못하여 그것이 현재와 미래의 삶을 고통으로 이끈다는 것이다.

정서문화는 내 삶의 시공간이다. 누구도 대신할 수 없는 나만의 고유영역이다. 그 밭을 일구는 재료는 정서창고에 남아 있는 결핍의 씨앗이다. 그 씨앗은 과거에 뿌려진 것이지만 '지금', '여기', '나'에서 해석하고 판단하여 긍정의 결실을 맺어야 한다.

특히 분노로 인해서 상처받은 흔적은 반드시 꺼내어 치유해야 한다. 그 상처는 정서조절 능력의 가장 큰 방해꾼이기 때문이다. 분노로 인한 화상(火傷)은 인간의 정서를 보는 관점과 정도에 따라서 처방과 치료가 각양각색이다. 여기서는 교육철학적 관점에서 가치근력을 길러 분노로 인한 화상의 예방과 치료를 돕는 방법을 몇 가지 소개하고자 한다.

2
역지사지(易地思之)
품세

사람은 자기만의 안경으로 세상을 보는 경향이 있다. 길거리를 걷고 있는 사람에게는 자동차가 눈에 거슬린다. 소음도 싫고, 공해도 싫고, 진로 방해도 싫다. 버스를 타고 출근하는 사람에게는 신호가 바뀌었는데도 횡단보도를 어슬렁거리는 사람들이 있다면 영 마음에 걸린다. 요리조리 세치기하는 택시나 여유만만한 자동차도 눈에 거슬리기는 마찬가지다. 다급한 일이 생겨서 택시를 타고 가는 사람에게는 보행자와 버스와 자가용 모두 달갑지 않게 보인다. 인생살이도 자기에게 주어진 조건의 눈으로 세상을 바라본다. 여자로 태어났으면 여자의 입장에서 인생을 논한다. 장남으로 태어났으면 장남의 관점으로 가족들을 지켜본다. 싱글족은 싱글족의 눈으로 삶의 가치를 이야기한다.

사회적 조건에 따라서도 보는 눈은 다르다. 가난하다고 생각하는 사람의 눈, 투기꾼의 눈, 학력이 높다고 생각하는 눈, CEO의 눈, 아픈 사람의 눈, 백수의 눈, 군인의 눈, 지방에서 사는 사람의 눈……. 세상은 이처럼 다양한 눈과 관점들, 그리고 가치들이 공존하기에 시끌벅적하고 살맛이 난다.

역지사지(易地思之) 품세는 분노의 주체와 객체가 서로 정서문화를 바꾸어 체험하면서 쌍방향의 눈으로 자신의 분노습관을 깨는 훈련이다. 모든 문제가 마찬가지지만 특히 분노는 자기가 자기 자신에게 스스로 납득할 수 있을 때 해소된다. 여기서 납득(納得)은 단순한 이해(理解)와는 차원이 다르다. 이해는 분노의 주체 입장에서 분노의 객체를 분리한 다음, 그 분노상황을 긍정적으로 해석해 나가는 과정이다. 납득은 분노의 주체와 객체가 원래 하나라는 입장에서 그 분노상황을 제거하고 본래의 하나 된 모습으로 되돌아가는 과정이다. 역지사지 품세의 목적은 분노의 주체와 객체의 정서 역사를 넘나들면서 분노 유형을 발견하고 반복되는 분노습관을 제거함으로써 자기 자신을 납득시키려는 데 있다. 따라서 이 품세를 임하는 자세는 자신의 감정을 최소화하고 분노객체를 객관적으로 들여다보도록 노력해야 한다.

역지사지 품세의 기본방법은 1단계는 가장 빈번하게 분노를 일으키는 분노객체(대상) 하나를 정한다. 2단계는 그 대상의 정서 역사를 탐색한다. 가령 출생 환경은 어떠했는지, 성장과정은 어떠했는지, 성격이나 특징, 강점과 약점, 그리고 추구하는 가치나 꿈, 직업의 특성은 어떠했는지 등을 분노정서의 관점에서 깊이 있게 살펴본다. 3단계는 분노대상의 분노 유형을 파악한다. 마지막 4단계는 분노객체(대상)의 분노 유형의 관점에서 분노주체(나)의 분노 유형을 비교 관찰하며 동심(同心)을 회복한다.

분노습관 깨기 품세 ▶ **1) 역지사지**

과정	수련 내용
1단계	분노대상 선정
2단계	분노스타일 탐색 [어느 곳(때)에서] [어떤 문제로] [어떻게 분노가 분출하는가]
3단계	분노정서 탐색 [성장과정] [성격, 특징, 강점 · 약점] [추구하는 가치 꿈] [직업적 특성]
4단계	분노 유형 탐색
5단계	동심(同心)회복 탐색

>> 역지사지 품세 사례

●● 30대 중반의 어느 여성의 분노폭발 이야기다. 이 여성은 상당한 오지 마을에서 태어난 남편과 결혼을 했다. 현재까지도 그 마을은 하루에 버스가 4번 정도 운행하는 산골이다. 도시 출신인 이 여성은 남편의 소박함과 순수함에 반해서 연애결혼을 했다. 남편은 직장에서 만났고 금융 계통의 일을 하고 있다. 시댁은 2남뿐이라서 여자가 귀해 둘째며느리인 그녀는 딸의 역할까지 충실히 했다. 사건은 최근 남편의 해외출장 중 벌어졌다. 마침 아이들 방학도 했고해서 출장기간 동안 아이들과 함께 친정으로 갔다. 그런데 이튿날 시어머니에게서 전화가 와서 친정에 와 있다고 했더니 시어머니는 화를 버럭 내며 전화를 끊었다.

다음날 시아버지에게서도 전화가 걸려와 바로 시댁으로 오라는 명령이 떨어졌다. 시댁에 갔더니 일가친척들까지 다 모여서 마치 청문회장을 방불케 하는 분위기였다. 남편이 없으면 집을 잘 지켜야 하는데 무단으로 집을 나간 점, 또 이 경우 시댁의 승낙이 필요한데 허락 없이 친정에 간 것은 우리 집에서는 용서할 수 없다며 독한 훈계를 받았다. 무릎을 꿇고 1시간 가량 훈계를 들으면서 그동안 시댁에 나름대로 잘한다고 노력했던 걸 떠올리니 서럽기도 하고 분노가 치밀어 올라왔다. 하지만 자리가 자리인지라 꾹 참고 다 듣고 나서 죄송하다고 말하고 나왔다. 밖으로 나와 화장실에 갔는데 지금까지 살면서 가장 많은 눈물을 흘렸다.

결정적인 분노폭발은 남편의 태도를 대하고였다. 해외에 나가 있는 남편이 걱정을 할까 봐서 이야기도 못하고 분노만 끓이고 있다가 다음날 전화를 했더니 남편은 당연히 잘못했다며 도리어 화를 냈다는 것이다.

이 여성에게 역지사지 품세를 권했다. 분노의 습관을 깨기는 쉽지 않다. 분노의 요인은 복합적이며, 정서에 치명적인 자극을 받게 되면 그 여운은 과거까지 미친다. 그럼에도 불구하고 자신의 분노습관과 치열하게 싸워야 하는 이유는 그 싸움 속에서 더 성숙한 삶의 맛을 음미할 수 있기 때문이다. 분노조절의 품세는 건강한 싸움을 할 수 있는 연장이다.

위 사례에서 이 여성의 분노대상은 남편이다. 1차적인 분노의 출발은 시부모였지만 이 여성에게 더 큰 분노의 상처를 준 것은 남편이기 때문이다. 분노는 더 가까이 있는 사람에게서 더 예민하게 작용한다. 그러면 남편을 대상으로 역지사지 품세를 적용해 보자.

[출생 환경] : 전통적인 시골 태생. 가부장적이며 엄격한 부모 밑에서 성장

출생 환경은 정서형성에 중요한 요소다. 남편은 시골에서 편안하고 정적인 정서에 익숙한 타입이다. 더구나 청소년기에 엄한 부모 밑에서 자랐다면 도전과 모험보다는 순응형일 가능성이 크다. 이러한 경우 대개 남성은 와일드한 여성을 더 선호한다. 배우자는 자신의 결핍요소를 채워 주길 희망하기 때문이다.

[성장과정] : 지방에서 우수인재로 성장해서 도시로 유학생활

가부장제의 영향이 강할수록 자식에 대한 애착이 강하다. 남편의 경우 시골에서 똑똑하다는 평을 많이 들었을 것이다. 그것은 자연스럽게 부모는 자식에 대한 기대를 키우고, 자식은 부모에게 인정받고 싶은 욕구를 키운다. 이러한 성장과정의 영향으로 남편은 일반적인 사람들보다는 다른 사람들을 의식하는 경향이 강할 것이다.

[성격, 특징, 강점·약점] : 성실하고 책임감 강함

과거 시골의 정서는 일반적으로 부지런하다. 마을공동체사회에서는 게으름은 무능으로 지탄의 대상이다. 남편의 성실함과 책임감은 어렸을 때부터 자연스럽게 형성되었다고 추정할 수 있다. 일반적으로 본인이 성실할 경우 상대적으로 성실하지 못한 사람에 대해서 예민하게 반응한다.

[추구하는 가치 꿈] : 여유 있고 안정적인 가정생활

남편의 경우 큰 모험이나 도전을 원하지 않는 타입이다. 주어진 조건과 환경에서 남들에게 지탄받지 않고 만족스럽게 사는 것이 행복의 기준인 듯하다. 이럴 경우 남편은 가정적인 아내의 역할을 희망하기 쉽다. 가정에 문제가 없도록 아내가 모든 책임을 져 주기를 원한다는 것이다.

[직업적 특성] : 꼼꼼하다

금융업의 특징이기도 하지만 매사를 잘 챙기는 타입으로 볼 수 있다. 이런 타입은 영역 구분을 분명하게 하기를 원한다. 회사 일과 집안일은 명확하게 구분해야 속이 편하다.

[분노의 유형 파악] : 不예의형

위의 단계에서 남편의 정서 역사를 탐색한 결과, 이번 사건에 결정적으로 분노를 촉발시킨 것은 아내의 예의가 부족했기 때문으로 추정할 수 있다. 시부모와 남편은 예의에 예민한 상황이었다. 시부모와 남편의 입장에서는 안락한 가정의 행복을 위하여 해외출장을 나간 상태다. 그런데 전업주부인 아내는 이 틈을 이용하여 마치 그동안의 구속에서 벗어나기라도 하듯 상의도 없이 친정을 향했다. 분노는 타이밍에 예민하다. 차라리 남편이 출장을 가지 않은 상태였다면 동일한 상황에서 아마 다른 결과가 나올 수도 있었을 것이다. 물론 예의는 상대적인 특징이 있다. 일반적인 가정에서 적용될 수 있는 예의는 아닐 수 있다.

[분노주체와 분노객체의 동심 회복] : 소박하고 순수한 정서

분노와 분노가 만나면 객기(客氣)가 된다. 그러나 분노와 사랑이 만나면 정기(精氣)가 된다. 위 여성은 사랑의 용기가 필요하다. 본인의 '不예의형'을 인정하고 남편과 시부모에게 먼저 사랑의 눈빛을 보내는 지혜가 요구되는 시점이다. 이것은 무조건 항복을 의미하는 것은 아니다. 이렇게 할 수만 있다면 남편과 시부모보다 더욱 성숙한 삶을 끌어갈 힘과 기회가 주어질 것이다.

분노는 쌍방향의 문제다. 아내가 먼저 사랑의 눈빛을 주면 남편과 시부모 역시 긍정의 신호를 보내는 것이 옳다. 남편과 시부모는 '不포용형'이다. 포용은 믿음이다. 아내가 어떤 상황에서 무엇을 하든지 아내 편을 들어 주는 것이 포용이다.

이 사건에서도 남편은 시부모님이 비록 섭섭하다고 생각할지라도 아내를 감싸주는 지혜가 필요했다. 그리고 시부모도 마찬가지다. 며느리 입장에서 보면 이미 독립을 해서 한 가정을 이끄는 어엿한 주인이다. 함께 모시고 사는 것도 아니고 해야 할 일을 하지 않은 것도 아닌데 굳이 친정을 가야 할 상황판단까지 일일이 보고해야 할 이유는 없다. 서로 각자의 관점으로만 보면 분노의 감정은 시들지 않는다. 분노의 상황일수록 서로의 눈을 마주쳐야 한다. 이 부부에게 예의와 포용이 선순환한다면 처음의 마음을 회복할 수 있을 것이다. 아내는 남편의 소박하고 순수한 점이 마음에 들어 결혼했다.

이번 사건은 그 초심을 잃지 않고 지켜나갈 수 있는 기회인 것이다. 비가 온 뒤에 땅은 더욱 단단하게 굳어지듯이 이번 분노사건을 상처 없

이 해결한다면 서로의 사랑은 더욱 깊어질 것이다. 이것이 동심(同心)의 회복이다.

남성다움을 알면서 여성다움을 지킨다면
천하의 골짜기가 될 수 있다.
천하의 골짜기가 되면
영원한 덕(德)이 몸에서 떠나지 않아
다시 갓난아기로 되돌아갈 수 있다.
흰 것을 알고 검은 것을 지키면 천하의 본보기가 될 것이다.
천하의 본보기가 되면 영원한 덕에서 어긋나지 않고,
무한한 도의 상태로 돌아가게 될 것이다.
영광을 알고 치욕을 지킨다면 천하의 골짜기가 된다.
천하의 골짜기가 되면
영원한 덕이 넉넉해져 통나무의 상태로 되돌아간다.
통나무가 쪼개져 그릇이 되듯이
성인도 이를 이용하여 우두머리가 된다.
정말로 잘 자른다는 것은 자르지 않는 것이다.

노자의 『도덕경』 28장이다.

우리는 살면서 편을 가르는 데 익숙하다. 시댁이 있으면 친정이 있다. 야당이 있으면 여당이 있다. 부자가 있으면 가난한 사람이 있다. 이렇게 가르다 보면 한쪽의 눈을 가지게 되고 그것은 오해를 낳고 결국은 분노를 발생시킨다.

노자는 위 글에서 양쪽을 균형 있게 바라보며 처음의 한마음을 지켜 나가라고 말한다. 이것은 말은 쉽지만 일상에서 적용하기란 매우 어렵다. 따라서 역지사지 품세는 분노가 발생할 때마다 한쪽으로 치우칠 수 있는 자신의 눈을 한가운데로 옮기는 수단으로 유용할 것이다.

인간은 정서에 예민하다. 강해 보이는 사람도 정서에 손상을 입게 되면 시들해진다. 정서는 유효기간이 없다. 정서 역사는 한 사람의 삶을 가장 리얼하게 묘사한 자서전이다. 따라서 정서의 밭은 평생의 삶을 일군다는 생각으로 정성을 다해 직접 관리해야 한다. 정서는 다양하고 복잡한 삶의 경험 속에서 건강하게 자란다. 사람과 사람 사이에 얽히고설킨 문제를 회피하지 말고 끝까지 추적하여 그 실체를 제대로 알고 해결해 나가야 한다.

처음에는 어렵지만 차츰 정서 문제해결의 근력이 생긴다. 눈에 보이는 세계는 절반에 불과하다. 나머지 절반은 눈에 보이지 않는 정서의 세계다. 정서해결의 근력이 생기면 생길수록 눈에 보이지 않는 영역을 사용하는 능력이 증대된다. 정서 문제해결의 고수가 되면 단순함의 이치를 깨닫게 된다. 정서는 단순함을 더 좋아한다. 단순함은 더 본질적이며 여유롭다. 단순함은 순수하며 인간적이다. 단순함은 인성이며 소통이다. 단순함은 둘이 아니라 하나다. 그래서 단순함은 편안하고 따뜻하다.

3
동문서답(東問西答)
품세

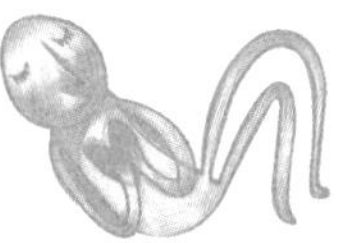

10여 명이서 8회차로 워크숍을 진행했을 때 이야기다.

한 사람은 항상 30분 전에 강의실에 도착한다. 나로서는 워크숍 준비를 해야 하는 시간인데, 그는 공부 내용이 어렵다며 그 시간에 질문을 많이 했다. 나는 이분은 배우려는 의지가 대단하다고 생각하며 나름대로 시간을 배려해서 열심히 도와주었다. 그런가 하면 워크숍 첫날부터 마지막시간까지 30분 늦게 오는 사람이 있었다. 나는 이분은 정기적으로 무슨 일이 있어서 늦는가 보다 생각했다. 이분은 워크숍에 늦었어도 커피를 반드시 준비하는 여유 있는 모습을 보였다. 또 다른 한 분은 워크숍 멤버 가운데 나이가 가장 많은 분인데 시계가 필요 없을 정도로 정각에 칼같이 나타나는 사람이었다. 나는 개인적으로 이분이 가장 신경이 많이 쓰였다. 이분은 시간에 예민하기 때문에 조금만 늦게 와서 워크숍 분위기를 흐린다는 생각이 들면 무언의 분노주파를 쏘기 때문이다.

워크숍 마지막 날, 다 같이 마무리 회식을 하는 자리였다. 나는 마무리 자리이기도 해서 특히 워크숍 기간 내내 시간에 예민했던 연장자에게 분노를 해소하라는 의미로 30분씩 늦게 왔던 분에게 교육시간 중에서 240분이나 빠졌으니 나중에 보충을 받아야겠다고 농을 건넸다. 순간 무슨 소리냐며 얼굴색이 변했다. 알고 보니 그분은 원래 시간을 30분 늦게 알고 있었던 것이다. 구성원 모두는 박장대소했다. 그때 30분 일찍 나왔던 분도 고백했다. 본인은 원래 시간을 30분 일찍 알고 있었다고 한다.

이게 웬일인가. 소통을 주제로 워크숍을 하는데 정말 소통이 부재했던 것이다. 서로 각자의 심경을 들어보았는데 8회 워크숍 기간 동안 모두가 분노를 담고 있었다. 30분 일찍 나왔던 사람은 사실 그때 일을 잠시 중단하고 있었던 분이었는데, 워크숍 멤버들이 활동을 많이 해서 늦는다고 생각하면서도 너무들 한다고 속상한 마음을 토로했다. 30분 늦게 왔던 분은 참여할 때마다 내용의 흐름이 자기를 빼고 진도를 먼저 나간다는 느낌이 들어 불만을 가지고 있었다. 가장 분노가 심한 사람은 예상대로 정각맨이었다. 그분은 대기업에서 오랫동안 근무를 해 온 분인데 시간개념 없는 사람하고는 상종을 하기 싫다고 했다. 그분은 워크숍 기간 동안 지각하는 사람 때문에 워크숍에 나오는 것을 중단할까도 여러 번 고민했다고 실토했다.

동문서답(東問西答) 품세는 자기 자신이 간직해 온 굳은 신념이 때로는 분노를 유발할 수 있다는 전제를 두고 기존의 가치판단을 뒤집어 보는 훈련이다. 한 사람의 정서문화는 가치판단의 역사다. 가치판단은 성격과 성품을 만드는 기준이다. 유명인들이 파혼을 선언할 때 그 사유로 빠지지 않고 등장하는 멘트 가운데 하나가 성격이 맞지 않아서라고 하는 것도 이러한 맥락이다. 가치판단이 굳어지면 신념의 형태로 자리를 잡는다. 가치판단이 유연한 사람은 분노지수가 낮다. 가치와 가치가 쉽게 융화되기 때문이다. 반대로 가치판단이 까칠한 사람은 분노지

수가 높다. 가치와 가치가 상호 충돌을 일으키기 때문이다. 가치판단의 유연성 정도에 따라서 신념(信念)은 열린 신념과 닫힌 신념으로 나누어 진다. 열린 신념은 쉽게 내려놓을 수 있다. 이것은 모두가 취할 수 있는 보편타당성을 지닌다. 닫힌 신념은 쉽게 내려놓지 못한다. 이것은 자기 개인의 개별적인 특수성을 보호하려는 속성이 있다.

따라서 동문서답 품세의 목적은 기존의 가치판단을 내려놓는 연습을 통하여 닫힌 신념으로 인한 분노습관을 깨고 열린 신념으로 긍정의 습관을 만들어가는 데 있다. 이 품세를 임하는 바람직한 자세는 자기 자신에 대한 진정성이다. 가치판단의 요소는 자기내면에 스스로 묻고 답해야 하기 때문이다.

동문서답 품세의 연습 방법은 다음과 같다.

세 가지 가치판단 구조 영역에 자신의 신념을 대입한 다음, 기존에 선택한 가치를 버리고 기존에 버렸던 가치를 선택해 본다. 그리고 그 체험의 과정에서 닫힌 신념은 없었는지 점검하면서 자기 자신의 분노 유형을 찾아 그 습관을 제거한다.

조금 더 자세히 설명하자면, 첫째는 '옳다, 그르다'를 판단하는 정의 가치판단 영역이다. 1단계는 분노주체가 자기 자신이 평소에 '이것은 절대적으로 옳다고 생각한 것'과 '절대적으로 그르다고 생각한 것'을 찾아서 적는다. 2단계는 '옳다고 생각한 것'과 '그르다고 생각한 것'을 바꾸어 선택한다. 3단계는 이 경험 속에서 떠오르는 자기 자신의 분노 유형을 찾는다. 4단계는 닫힌 신념에서 비롯되는 분노습관을 버리고 동심(同心)을 회복한다.

둘째는 '낫다, 못하다'를 판단하는 비교 가치판단 영역이다. 1단계는 분노주체가 평소에 '이것은 저것보다 더 낫다고 선택했던 것'을 나열해 본다. 2단계는 낫다고 생각한 것과 못하다고 생각한 것을 바꾸어 선택한다. 3단계는 이 경험 속에서 떠오르는 자기 자신의 분노 유형을 찾는다. 4단계는 닫힌 신념에서 비롯되는 분노습관을 버리고 동심을 회복한다.

셋째는 '좋다, 싫다'를 판단하는 기호 가치판단 영역이다. 1단계는 분노주체가 평소에 가장 좋아하는 것들과 가장 싫어하는 것들을 나열한다. 2단계는 좋아하는 것과 싫어하는 것을 바꾸어 선택한다. 3단계는 이 경험 속에서 떠오르는 자기 자신의 분노 유형을 찾는다. 4단계는 닫힌 신념에서 비롯되는 분노습관을 버리고 동심을 회복한다.

분노습관 깨기 품세 ▶ 2) 동문서답

정의 가치판단

과정	수련 내용
1단계	기존의 가치판단 [옳다] [그르다]
2단계	터닝의 가치판단 [옳다] [그르다]
3단계	분노 유형 탐색
4단계	동심(同心)회복 탐색

비교 가치판단

과정	수련 내용
1단계	기존의 가치판단 [낫다] [못하다]
2단계	터닝의 가치판단 [낫다] [못하다]
3단계	분노 유형 탐색
4단계	동심(同心)회복 탐색

기호 가치판단

과정	수련 내용
1단계	기존의 가치판단 [좋다] [싫다]
2단계	터닝의 가치판단 [좋다] [싫다]
3단계	분노 유형 탐색
4단계	동심(同心)회복 탐색

>> 동문서답 품세 사례

●● 고등학교 3학년 남학생의 이야기다. 겉보기에는 여느 고등학생과 같아 보이는데 그 속은 내적 분노로 가득 차 있는 학생이었다. 참고로 학생의 아버지는 정신과 의사이며 어머니는 중학교 교사이다. 이 학생은 독자

이고 풍요로운 환경에서 자랐다. 초등학교 때부터 외로움을 많이 탔던 그는 친구들에게 먹을 것을 자주 사주면서 친구관계를 맺었다.

초등학교 5학년 때는 왕따 당한 경험도 있었다. 자기 나름대로 많은 시간과 돈과 에너지를 쏟아서 관리해 온 친구가 배신을 하면서 자신에 대해 험담을 하고 다녔다. 그때부터 나 혼자라는 생각을 하게 되었고 친구 사귀기가 더욱 어려웠다. 힘들게 초등학교를 마치고 중학교에 들어갔는데 중학교 1학년 때 그 배신했던 친구와 같은 반이 되었다. 학교에 갈 때마다 신경이 쓰여 공부도 잘 되지 않고 재미도 없고 해서 학교를 그만 다닐까도 여러 번 고민했다. 부모에게 이야기는 했는데 뾰족한 대안이 없어서 참고 견디며 1학년을 마쳤다. 다행히 2학년 때는 그 친구와 다른 반이 되어서 새로운 마음으로 시작했다. 새 학기가 시작되면서 또 친구들에게 먹을 것을 사주기 시작했다. 그런데 먹을 때만 친구지, 돌아서면 함께할 친구는 없어서 늘 외로웠다.

성적도 좋지 않고 힘들어 하자 어머니의 권유로 아버지 병원에서 여러 가지 검사를 했는데 학습장애 초기 증상이 있다는 판정이 나왔다. 특히 연산장애와 시험불안증, 그리고 약간의 주의력결핍증과 무엇보다도 내적 분노가 높은 것으로 나왔다. 그렇다고 학습을 중단할 수도 없고 해서 학원과 개인과외를 받으며 중학교를 마쳤다.

고등학교에 올라갔는데 설상가상으로 또 다시 배신했던 친구와 같은 반이 되었다. 그 친구를 볼 때마다 과거의 분노가 치밀어 올라와서 도저히 참을 수가 없었다. 이 사실을 부모에게 이야기했고 부모가 담임과 상의해서 다른 반으로 옮겨가는 것으로 결정했다. 그런데도 학생은 배신했던 친구가 다른 친구들에게 자기의 과거를 이야기하며 왕따를 부추긴다는 생각을 떨칠 수가 없었다. 어쨌든 학생의 19년은 초등학교 5학년 때 만난 그 배신의 친구 때문에 무겁고 힘든 분노의 인생길이 되었다.

나는 지인을 통해 이 학생의 진학 문제를 도와주기 위해 네 번을 만났는데, 이 학생에게는 진학의 문제보다도 더 급하고 중요한 것이 자기를 극복할 수 있는 체계적인 교육이라는 생각이 들었다.

위 학생의 신념은 닫힌 신념이다. 닫힌 신념은 시간이 흐를수록 단단하게 굳어진다. 그 시간이 길어질수록 그 벽을 깨기는 더욱 힘들어진다. 닫힌 신념은 정서의 자기감옥이다. 자기가 자기 스스로에게 쇠사슬로 손발을 묶도록 세뇌하는 것과 같다. 정서는 사람마다 반응이 천태만상이다. 동일한 상황에서도 누구에게는 아무렇지도 않은 것이 누구에게는 엄청난 반응으로 나타난다. 위 학생의 경우 부모들의 책임이 크다. 성장기의 닫힌 신념은 부모의 가치판단 영향을 크게 받는다.

학생의 부모들은 만나보지 못했지만 한국 사회의 통념상 자녀교육에서 만큼은 폐쇄적일 수 있는 환경이다. 특히 양부모 모두 전문직 종사자로서 자녀를 긍정적으로 받아들이기는 쉽지 않았을 것이다. 어머니는 교사인데 자기 자녀가 학습장애를 안고 있다면 어떤 심경일까? 그리고 아버지는 정신과 의사인데 하나밖에 없는 자식이 정서장애라면 어떤 심경일까? 아마도 이러한 환경이 위 학생에게는 닫힌 신념에서 벗어나기 어려웠던 원인일 가능성이 크다.

위의 부모들에게 동문서답 품세를 적용시켜 본다면 다음과 같다.

첫째, 정의 가치판단 영역

1단계 : 기존의 가치판단

[옳다] 내 아이는 자기 할 일을 스스로 결정하고 책임진다.

[그르다] 내 아이가 다른 사람에게 피해를 준다.

2단계 : 터닝의 가치판단

[옳다] 내 아이가 다른 사람에게 피해를 준다.

[그르다] 내 아이는 자기 할 일을 스스로 결정하고 책임진다.

내 아이는 자기 할 일을 스스로 결정하거나 스스로 책임지지 않아도 된다. 형제도 없이 혼자 성장하면서 독단으로 흐를 수 있기 때문이다. 따라서 성인이 되기 전까지는 모든 문제를 친구들이나 부모와 함께 상의하는 게 더 필요하다. 그리고 내 아이는 다른 사람에게 피해를 주는 아이로 컸으면 좋겠다. 부모의 직업이 교사와 의사이다 보니 아이가 주눅이 들어서 남의 눈치 보느라 자유롭게 자기를 표현하지 못하기 때문이다.

3단계 : 분노 유형 찾기

[不관찰형]

위와 같은 경우 부모는 부모대로 여러 가지 바쁘고 사정이 있겠지만 아이를 제대로 관찰하지 못한 불찰이 있을 수 있다. 관찰은 부모의 요구의 기준이 아니라 아이가 현재 어떤 상태에서 무엇을 원하고 있는지 살피는 능력이다.

4단계 : 동심(同心)회복

위 학생의 분노는 표면적으로는 자기를 배신한 친구이듯 하지만 그 실체는 부모일 수 있다. 따라서 지금부터라도 부모는 관찰을 통한 사랑의 눈빛을 지속적으로 주어야 한다. 부모는 자녀와 언제부터 눈빛을 달리 했는지 추적해서 긍정의 눈빛을 주고받았던 원래의 상태를 회복할 때까지 노력을 중단해서는 안 된다.

둘째, 비교 가치판단 영역

1단계 : 기존의 가치판단

[낫다] 내 아이는 다른 아이들보다는 성적이 더 좋다.

[못하다] 내 아이는 다른 이이들보다 나쁜 친구들과 어울려 다니는 경우가 더 많다.

2단계 : 터닝의 가치판단

[낫다] 내 아이는 다른 이이들보다 나쁜 친구들과 어울려 다니는 경우가 더 많다.

[못하다] 내 아이는 다른 아이들보다는 성적이 더 좋다.

내 아이는 다른 아이들보다 성적이 높지 않아도 된다. 성적에 노예가 되어 사는 것보다는 성적이 좋지 않으면 자신의 다른 진로적성을 더 빨리 찾을 수도 있기 때문이다. 그리고 내 아이는 나쁜 친구들과도 잘 어울려 다녔으면 좋겠다. 성격이 소심하기 때문이다. 나쁜 친구들과 어울려 다니면서라도 쾌활하고 당당하게 자라 주었으면 좋겠다.

3단계 : 분노 유형 찾기

[不도전형]

위 학생의 경우 부모는 자녀교육에 있어서 보수적일 수 있다. 직업적 특성을 차치하더라도 하나밖에 없는 자녀에다 소심하기 때문이다. 따라서 부모는 자녀교육에 있어서 도전하려는 의지가 부족했다고 볼 수 있다.

4단계 : 동심(同心)회복

이때 부모는 자녀교육에 대한 모험과 도전을 적극적으로 해야 한다. 꼭 대학을 보내야 한다는 통념을 깨고 가령 이 학생처럼 상처받은 사람들의 마음을 치료하기 위해 학생부터 스스로 시골 오지에서 대안적인 문화를 체험해 보게 한다든지, 아니면 음악이나 연극 등 자신을 스스로 치유할 수 있는 활동을 시켜 보는 것도 대안일 수 있다. 이 분야는 정신과 의사와 교사의 직업을 가진 부모들이기에 자녀와 함께 도전해 볼 수 있는 기회이기도 하다. 이렇게 자녀와 함께 어울려 부딪쳐 가다 보면 기존의 비교의식에서 비롯되었던 자녀에 대한 열등감은 줄고 새로운 모습을 발견하면서 잃었던 동심을 회복하게 될 것이다.

셋째, 기호 가치판단 영역

1단계 : 기존의 가치판단

[좋다] 내 아이는 좋은 대학에 들어간다.

[싫다] 내 아이가 짜증을 낸다.

2단계 : 터닝의 가치판단

[좋다] 내 아이가 짜증을 낸다.

[싫다] 내 아이는 좋은 대학에 들어간다.

내 아이는 꼭 대학에 가지 않아도 된다. 요즘 맹목적으로 대학에 입학하고 졸업 후 진로가 불투명해서 방황하는 경우를 많이 본다. 그리고 한국 사회는 부모의 체면 때문에 자녀를 좋은 대학에 보내려는 것은 글로벌 시대에 걸맞지 않은 구태적인 생각이다. 대학이 목표가 아니라 내 아이가 진정으로 하고 싶은 것을 하며 행복하게 살았으면 좋겠다. 그리고 내 아이가 가끔씩 짜증을 내 주면 고맙다. 부모에게 자신의 존재감을 표시하기 때문이다. 더구나 우리 집은 여자아이가 없어서 짜증은 일종의 애교라고 생각한다.

3단계 : 분노 유형 찾기

[不나눔형]

가정은 서로의 결핍을 나누고 포용하는 편안한 공간이어야 한다. 서로에게 짐을 안겨 주는 것은 일종의 책임회피다. 위 학생의 경우 부모는 학생에 대한 나눔의 철학이 부족했다. 깊은 사정은 잘 모르겠지만 외형적인 조건으로 보면 부모의 적극적인 역할을 통해서도 학생을 도울 수 있을 듯하다. 나눔의 실천은 하나밖에 없는 자녀를 위해서 필요하다면 둘 중 직업을 버릴 수도 있어야 한다. 이러한 각오와 노력을 보인다면 위 학생의 분노는 조금씩 줄어들 것이다.

4단계 : 동심(同心)회복

위의 부모들은 직업의 특성상 밖에서 사람들을 많이 만난다. 더구나 그 일은 정신적으로 쉽게 지칠 수 있는 역할이다. 그래서 집에 오면 정서적으로 신경 쓰지 않고 편하게 쉬고 싶은 게 당연하다. 아이가 이러한 부모의 마음을 헤아려서 자기가 해야 할 일은 챙겨서 해주면 좋겠는데 마음대로 되지 않아 속상하다. 그러나 집에서는 아이는 아이일 뿐이다. 인간은 사랑을 먹고 산다. 아이의 차가워진 눈빛은 부모에 대한 원망의 시선일 가능성이 크다. 부모의 기존의 가치관을 벗어 던져 보자. 그리고 처음 아이가 태어났을 때의 마음으로 사랑의 눈빛을 주자. 이 가정에게는 지금이 가장 사랑의 힘을 배우고 느낄 수 있는 기회인 듯하다.

우리가 꿈을 꿀 때는 그게 꿈인 줄도 몰라. 심지어 꿈을 꾸고 있는데도 꿈속에서 그 꿈을 풀이하고 있을 정도야. 꿈에서 깨어난 다음에 자기가 꿈을 꾸었다는 것을 비로소 알게 되지.
결국 꿈에서 깨어나면 우리들 삶이 한바탕 크게 꾼 꿈이라는 것을 알게 될 거야. 그런데 어리석은 사람들은 자기들이 항상 깨어 있는 줄 알고 주제넘게 아는 척하지.
임금이 뭐고, 소와 말을 치는 사람이란 게 도대체 뭔가? 자네와 공자는 모두 꿈을 꾸고 있는 거야. 자네는 지금 꿈꾸고 있어 하고 내가 말했다고 치세. 이 말도 꿈일 수 있네. 어리석은 사람들은 이런 말을 듣고 터무니없는 이야기라고 생각하지. 하지만 수만 년 후에라도 이 뜻을 이해하는 큰 성인을 만난다면 그 긴 시간이 아침저녁 하루해처럼 짧게 여겨질 것일세.

나와 자네가 논쟁을 했다고 치세. 자네가 나를 이기고 나는 자네를 이기지 못했다고 치세. 그랬을 때 자네는 옳고 나는 그를까? 내가 자네를 이기고 자네가 나를 이기지 못했다고 치세. 그러면 나는 옳고 자네는 그를까?

한쪽이 옳으면 다른 한쪽은 반드시 그를까? 양쪽이 다 옳거나 양쪽이 다 그른 경우는 없을까? 자네나 나나 모두 알 수 없으니 딴 사람들은 말할 것도 없어. 도대체 누구한테 부탁해서 올바른 판단을 하게 하면 좋을까?

자네처럼 생각하는 사람에게 판단해 보라고 치세. 하지만 생각이 이미 자네와 같은데 그 사람은 정말로 올바르게 판단할 수 있을까? 반대로 나처럼 생각하는 사람에게 시켜 보세. 그 사람도 역시 나와 생각이 같으니 정말 올바르게 판단할 수 있을까?

아니면 자네와 나와도 다르게 생각하는 사람에게 판단하게 해 보세. 그 사람의 생각이 자네나 나와 다르니 올바른 판단을 할 수 있을까? 반대로 자네와 나와 똑같이 생각하는 사람에게 판단하게 해 보세. 생각이 전부 같다고 해서 올바른 판단을 한다고 할 수 있을까?

이처럼 나나 자네, 다른 사람이 모두 다 알 수 없는데 여기서 또 누구를 더 기다려야 한단 말인가? 옳고 그름을 따지는 소리란 언제나 변하는 법이야. 아예 기대도 하지 말게. 옳으니 그르니 서로 따지는 소리를 그냥 대자연에 맡기고, 일체를 있는 그대로 받아들이는 게 중요해.

사람들은 보통 '옳다, 옳지 않다', '그렇다, 그렇지 않다'고 언제나 주장하지. 옳은 것이 언제까지 옳고, 그렇다고 하는 것이 언제까지 그렇다고 주장하는 사람들도 있어. 하지만 옳은 것과 옳지 않은 것, 그렇다고 하는 것과 그렇지 않은 것은 구별할 수 없다네. 삶과 죽음, 옳고 그름을 넘어서 무한한 자연의 운행에 자기를 맡기는 것만이 우리가 무한한 자유를 얻을 수 있는 길이라네.

장자의 『제물론』 일부분이다.

장자처럼 고정관념을 깨는 고수가 되기는 어렵지만 그의 진정한 자유를 향한 몸짓은 우리 모두에게 귀감이 된다. 자유는 주위 환경이 만들어 주는 것이 아니다. 진정한 자유는 내가 스스로 만들어 가는 것이다. 우리는 일상생활에서 너무 작고 사소한 것들에 얽매여서 소중한 것을 잃는 경우가 많다. 기존의 관념을 하나씩 버릴 때마다 하루하루 다시 새롭게 태어날 수 있는 것이다. 그것이 진정한 자유인의 모습이다.

동문서답 품세는 자기 스스로를 구속하고 있는 분노습관을 발견하고 그 고정된 가치의 틀을 깨고 나와서 진정한 자유를 찾는 데 의미가 있다.

4
타산지석(他山之石)
품세

얼마 전 가족들과 찜질방에 가는데 중학교 2학년 딸아이가 "아빠, 남탕에서 때 밀어 주는 사람은 여자야?"라고 물었다. "글쎄다. 여탕에는 남자가 밀어 주니?"라고 했더니 온 가족이 한바탕 웃었다. 사람들은 가려진 구석에 호기심을 더 느낀다. 어느 곳을 가다가 '금지구역'이라는 팻말을 보면 더 들어가고 싶은 욕구가 일어난다. 19금도 청소년들에게는 더 없이 자극하는 영역이다. 유명인들의 가십거리도 이러한 맥락이다. 그들은 일반사람들과 다르다는 경계가 있기 때문에 더 호기심을 촉발시킨다. 일반적으로 경계(境界)에 대한 호기심은 인간의 자연본성이다. 소극적으로는 두려움에 대한 해소욕구본능이다. 내가 알지 못하는 다른 영역은 믿을 수가 없다. 그 속에서 무슨 일이 벌어지고 있는지 모르기 때문이다. 적극적으로는 동일시(同一視)에 대한 해소욕구본능이다. 나와 대상이 다르다고 생각하면 마음이 불편하다. 따라서 사람들은 이질적인 대상을 탐색하면서 무언의 동일시 작업을 하면서 살아간다. 또 하나는 단순한 기호욕구충족이다. 사람은 새로운 것에 대한 접촉의 욕구가 있다. 경계(境界)는 인간사회에서 필요하지만 그것이 단설(斷絶)로 이어지는 것은 바람직하지 않다.

타산지석(他山之石) 품세는 분노의 주제와 객체 두 관점을 떠나서 제3의 눈으로 분노를 객관적으로 해결하는 훈련이다. 기존의 분노에 대한 인식은 일종의 사생활 영역으로 구분하였다. 분노는 개인과 개인 사이의 감정에 대한 문제이기 때문에 사적인 행위로 치부된 것이다. 분노해결의 맹점은 여기에 있었다. 분노는 사적인 영역이 아니다. 분노가 사적인 영역으로 치우칠수록 단절(斷絶)로 이어진다. 가령 남편이 주사가 심해 부인을 폭행하려고 하자 이를 본 아들이 경찰에 다급하게 신고를 했다. 신고받은 경찰은 곧바로 현장에 달려올까? 설령 왔다고 하더라도 대개 경찰은 술 먹고 부부 싸움하는 것 말리고 다닐 만큼 한가하지 않으니 집안에서 조용히 해결하라고 권하는 수준으로 마무리할 것이다.

분노는 단절된 공간에서 '좋은 게 좋은 것'이라는 이름으로 더욱 증식한다. 분노는 건강한 소통을 위한 공적인 영역이다. 타산지석 품세의 목적은 분노의 상황을 공적인 영역으로 끌어내어 객관적인 기준으로 구성원들이 다함께 해결해 봄으로써 분노에 대한 두려움을 제거하고 분노해결의 시너지효과를 얻는 데 있다. 이 품세에 임하는 자세는 집단생활에서 분노를 야기하는 요소를 찾을 때 지위고하를 막론하고 과감하게 노출하는 용기가 필요하다. 타산지석은 정당한 권위를 회복하는 것이 목표이기 때문이다.

타산지석 품세의 방법은 재판이라는 형식을 빌려서 집단생활에서 자주 벌어지는 분노사건을 보다 객관적이고 합리적으로 살펴보도록 하는 집단수련방법이다. 따라서 실제 재판의 모형을 충분히 살려서 진행하되, 집단구성원들은 한 명도 빠짐없이 전원이 참여하는 것을 원칙으로 해야 한다. 역할은 판사(정 · 부), 원고, 피고, 변호사, 증인, 배심원, 방청객 등으로 구성한다. 사건은 집단 내에서 반복적으로 분노를 발생시키는 일반적인 주제를 다룬다. 여기서 집단이라 함은 가정, 학교, 직장, 이웃 등을 말한다. 타산지석 품세는 일반적인 모의재판과는 다른 조건들이 있다.

첫째는 사건의 선정 기준이다. 분노재판은 정서와 정서의 불통으로 인한 소모적인 감정을 해소하여 긍정의 에너지로 소통하도록 하는 데 그 목적이 있다. 따라서 집단 내의 규칙위반, 절도, 폭행, 성추행 등 일반적인 범죄 행위의 개연성이 있는 것은 사건으로 채택될 수 없다.

둘째는 변론의 기준이다. 분노사건은 감정대립이 심할 수밖에 없다. 물증과 심증을 근거로 하는 일반 재판과는 달리, 정서변화의 흐름을 다루기 때문이다. 따라서 타산지석에서는 분노 유형을 근거로 변론해야 한다.

셋째는 판결의 기준이다. 타산지석은 원고와 피고의 승패가 목적이 아니다. 원고와 피고는 각각의 분노 유형을 검토하면서 분노습관을 제거하고 동심(同心)을 회복하는 것이 목적이다. 따라서 판결의 기준은 양측 가운데 어느 쪽이 동심의 회복을 더 설득력 있게 전개해 나가는가이다.

여기서는 이웃 사이에 자주 분노를 발생시키는 사건을 다루어 보기로 한다.

분노습관 깨기 품세 ▶ 3) 타산지석

과정	수련 내용
1단계	사건개요 [원고] [피고] [고소내용]
2단계	재판구성 [판사] [원고] [피고] [변호인] [증인] [배심원] [방청객]
3단계	재판진행 [분노 유형 변론]
4단계	판결 [동심(同心)회복 탐색]

>> 타산지석 품세 사례

사건 개요

●● A씨는 금년에 정년퇴직을 했다. 직장생활 33년 만에 풀려난 자유다. 자녀들도 모두 결혼시켰다. 홀가분하다. 이제는 당뇨병을 앓고 있는 아내를 도우며 제2의 인생을 살고 싶다. 새로운 출발을 위하여 21년 동안 살아온 50평대 아파트를 팔고 외곽에 있는 한적하고 아담한 20평대 아파트로 이사를 했다. 기존의 동네보다 공기도 좋고 조용해서 마음에 들었다. 무엇보다도 이 아파트는 주위에 공동텃밭이 있어서 희망자는 농작물을 심을 수 있어서 더욱 마음에 들었다. 이런저런 꿈을 설계하며 이사 첫날밤을 행복하게 보냈다.

그런데 다음날 아침에 눈을 떴는데 윗집에서 반복적이고 규칙적인 기계음이 들렸다. 신경이 조금 쓰였지만 무시하고 지나갔다. 조금 더 시간이 흐르자 이번에는 아이들이 뛰는 소리가 들렸다. 순간 윗집에 어린아이들이 살고 있다는 생각이 스쳐 지나갔다. 예감이 좋지 않았다. 그날 저녁식사를 마치고 텔레비전을 보고 있는데 윗집 아이들이 다시 뛰기 시작했다. 이야기를 할까 말까 고민하다가 인터폰을 들고 경비실에 조용히 해 달라고 부탁을 했다. 점차 불안이 몰려오기 시작했다. 계속해서 이런 상황이 벌어지면 어떻게 대처해야 할지 고민이 되었다. 아니나 다를까 고민은 현실이 되었다. 윗집은 맞벌이 부부인데다 초등학교 2학년과 유치원생, 둘 다 남자 아이들이었다. 윗집 부부는 인근에서 가게를 운영하고 있는데 가게에 왔다 갔다 하느라 아이들 통제가 어렵다는 것이다. 이사 온 지 1주일이 지났는데도 윗집아이들 뛰는 소리에는 적응이 되지 않는다. 그 집 사정은 한편으로 이해는 되는데 우리 입장에서는 도저히 받아들일 수가 없다.

위 사례는 공동주택에서 자주 발생하는 분노사건이다. 대개 이런 문제가 발생하면 윗집과 아랫집 당사자 간에 서로 이해하고 살아야지, 무슨 뾰족한 수가 있느냐고 덮어 둔다. 그러나 이것은 지혜로운 방법이 아니다. 이런 문제일수록 공적으로 끌어내어 당당하게 해결하는 자세가 필요하다. 이 경우 A씨는 원고가 되고 윗집은 피고가 된다. 아직은 비현실적인 이야기지만 점차 이러한 분노사건을 건강하게 풀어 나가는 문화를 기대해 본다.

장소 : 아파트 노인정

판사 : 노인회장

원고 : A씨 부부

피고 : 위집 부부와 아이들

원고 측 변호인 : 부녀회장

피고 측 변호인 : 반장

증인 : 경비원

배심원 : 이웃들

위 타산지석의 판결을 요약하면 다음과 같다.

'피고가 가게 운영을 이유로 어쩔 수 없다고만 반복하는 것은 不예의형에 해당한다. 또한 아랫집에 새로 이사를 와서 불편을 호소하면 어떤 사연이 있는지 살펴보아야 하는데 한 번도 방문한 적이 없는 것은 不관찰형에 해당한다.

그리고 마지막으로 분노사건이 발생하면 적극적으로 의사소통을 해서 해결하려는 의지가 있어야 하는데 대충 넘어가려는 태도는 不상통형에 해당한다. 원고는 새로 이사 온 입장에서 주위 이웃들과 함께하려는 의지가 부족했으므로 不나눔형에 해당한다. 또한 윗집은 젊고 한창 일해야 하는 상황이며 그들이 사정을 이야기했는데도 적응해 보려는 노력이 부족하여 不인내형에 해당한다. 그리고 이사 온 목적이 조금 한가하게 쉬고 싶다고 했다면 마음을 너그럽게 가져야 하는데 그렇지 못한 것은 不여유형, 不포용형에 해당한다. 재판 과정에서 피고는 대안으로 A씨에게 문제의 저녁시간 동안에 자녀를 돌보아주는 아르바이트를 제안했고 A씨는 그것을 수용하였다. 따라서 이번 타산지석에서는 동심(同心)을 지혜롭게 이끌어낸 피고에게 무죄를 선고한다.'

섭공이 공자에게 말했다.
"우리 당(黨)에는 정의(正義)를 실천하는 자가 있소. 아버지가 양을 훔치자 아들이 고발했다오."
공자가 말했다.
"우리 당(黨)에서 정의롭다고 하는 것은 이와 다릅니다. 아버지는 자식을 숨겨 주고 자식은 아버지를 숨겨 주는 속에서 정의(正義)라는 것이 있습니다."

『논어』'자로 편'에 나오는 내용이다.

우리 사회도 인심이 박해지고 있다. 얼마 전에 어느 초등학교를 방문했는데 교장선생님이 사과를 깎아 주면서 말을 이었다.

"최근에 고향을 다녀올 기회가 있어서 오는 길에 고등학교 시절에 맛있게 먹었던 사과를 사러 갔다네. 추억을 더듬으며 지금도 그때 그 아저씨가 살아계실까 생각하며 찾아 갔지. 고등학교 정문을 끼고 좌우로 과수원이 위치하고 있어서 학창시절 몰래몰래 사과서리를 많이도 했었지.

도착해 보니 규모는 그때보다 많이 줄었지만 놀랍게도 그 아저씨는 노인이 되어 아직도 과수원을 지키고 계셨다네. 나는 그 노인에게 '옛날에 여기 고등학교 다닐 때 사과서리 많이 했었는데 어르신께서 다 알고 계셨죠?'라고 말을 건넸다네. 그랬더니 '그럼, 이 사과 먹고 지금 이렇게 건강하게 성장했잖아. 잘 알지!' 하시는데 순간 눈물이 핑 돌았다네."

요즘은 '법 없이도 산다'는 말은 무법천지라는 의미로 쓰인다. 그만큼 마음이 날카로워졌다.

공자는 사람의 아름다운 향기는 영원하다고 말한다. 진정한 정의는 마음의 향기를 함께 나누는 것이다. 깎아 준 사과를 들면서 사랑의 향기는 영원하다는 공자의 말을 음미해 보았다.

5
결자해지(結者解之)
품세

사회생활을 하다 보면 크고 작은 모임이 많다. 모임에서는 모임을 주도적으로 이끄는 사람이 필요하다. 그리고 그 리더의 역량은 곧 그 모임의 활성화 기준이 된다. 아무래도 나서기를 좋아하는 사람이 있으면 그 모임은 분위기가 활기차다. 이때 서로 나서기를 꺼리면 만만한 사람에게 대표 자리를 떠밀어 안긴다. 이렇게 스스로 나섰거나 등 떠밀렸거나 대개의 리더는 칭찬보다는 욕을 먹는 경우가 더 많다. 왜 그럴까? 우선 리더는 소수이고 구성원들은 다수이니 소수의 눈과 다수의 눈은 원래부터 게임에 불리한 조건이다. 또 다른 중요한 이유는 앞서 가는 자가 자기 스스로의 역량을 관찰하기는 어렵다. 반면에 뒤따라가는 자는 나서는 사람(리더)의 역량 관찰이 용이하다. 더구나 사람의 눈에는 장점은 원래 당연히 해야 하는 것으로 보이고, 단점은 손실로 보이기 때문에 더 잘 기억한다. 사람은 그 자리에 앉아 보아야 그 사람의 자연본성을 알 수 있다.

즉, 통제대상이 있는 경우에는 스스로 절제력이 발휘되기 때문에 그 사람의 자연성을 관찰하기 어렵다. 그러나 통제력이 없는 자유의 조건이 주어지면 그 사람은 자연본성을 드러내기 쉽다는 이야기다. 대표적인 사례가 권력형 비리다. 힘을 가지게 되면 그 사람의 본성을 유혹하는 일이 많아진다. 최고의 자리에 앉으면 통제보다는 선택의 범위가 넓어진다. 순수한 자율적 선택에서 그 사람의 본모습은 드러난다.

결자해지(結者解之) 품세는 자기를 강자로 전제하고 자기보다 약자에게 분노를 전가했던 그 대상을 탐색하면서 자기 자신의 분노습관을 깨는 훈련이다. 결자해지 품세는 사회전체 이익의 총합은 일정하여 어느 한쪽이 이득을 더 취하면 반드시 그만큼 다른 쪽은 손실을 보게 된다는 제로섬(zerosum)의 이치를 적용한 것이다. 일반적으로 분노는 물처럼 위에서 아래로 흐른다. 힘이 센 사람의 분노는 힘이 상대적으로 약한 사람에게 전가된다. 집안에서 부부가 싸우면 자녀들은 슬슬 피해 달아난다. 분노가 자기에게 튄다는 사실을 잘 알기 때문이다.

직장에서도 마찬가지다. 사장이 분노하면 그 분노는 부장으로, 부장은 과장으로, 과장은 대리로, 대리는 말단 직원으로, 직원은 죄 없는 쓰레기통에 그 분노를 전달한다. 이 분노흐름은 부지불식간에 분노의 악순환을 정당화시킨다. 분노는 내다 버리면 후회를 낳고, 잘 사용하면 자기 성장의 기회를 얻는다. 결자해지 품세의 목적은 자기 자신이 무의식적으로 내다 버린 분노를 다시 회수하여 자기 성장의 기회로 삼는 데 있다.

특히 이 품세는 자기 주위에서 만만하다고 판단해 온 대상에게 분노를 발생시킨 사건을 집중적으로 탐색하면서 다른 각도에서 자신의 분노습관을 깨는 데 그 의미가 있다. 따라서 결자해지 품세에 임하는 바람직한 자세는 태어나서 지금까지 살면서 자기 자신과 함께했던 주위 사람들과의 관계를 최대한 기억해 내려고 노력해야 한다는 것이다. 사람은 대개 상처받은 쪽은 그것을 오래 기억하는 반면, 상처 준 쪽은 그것을 쉽게 잊기 때문이다.

결자해지 품세의 훈련 방법은 다음과 같다. 1단계는 그동안 살면서 나 때문에 분노의 상처를 받았다고 생각하는 사람들의 명단을 작성한다. 2단계는 그 대상 중에서 상처가 가장 크게 남아 있을 것이라고 판단하는 자를 선택한다. 3단계는 언제, 어디서, 무엇 때문에, 그에게 어떤 상처가 남아 있을 것이라고 예상하는지 추정해 본다. 4단계는 자기 자신과 그 대상의 분노 유형을 찾는다. 5단계는 동심을 회복한다. 그 이후는 그 다음 대상에게 3단계, 4단계, 5단계를 순환 반복한다.

분노습관 깨기 품세 ▶ 4) 결자해지

과정	수련 내용
1단계	분노상처 대상들 [대상1] [대상2] [대상3]
2단계	분노상처 베스트 대상 [대상]
3단계	분노사건 [언제] [어디서] [무엇 때문에] [나는 어떻게 했다] [분노상처 대상은 어떻게 했다]
4단계	분노 유형 탐색 [나의 분노 유형] [상처대상의 분노 유형]
5단계	동심(同心)회복 탐색

>> 결자해지 품세 사례

●● 40대 후반의 어느 여성 이야기다. 그녀는 평범한 가정에서 태어나 별 어려움 없이 대학을 졸업하고 법조계 신랑을 만나 결혼했다. 남편의 가족들은 소위 집안이 쟁쟁하여 결혼 후 긴장을 놓을 수 없었다. 첫아이는 딸이었는데 그때부터 무언의 압력이 들어오기 시작했다. 아들을 은근히 기대했는데 딸을 낳았기 때문이다. 그때부터 그녀는 이 딸아이를 반드시 보란 듯이 성공시키겠다고 맹세하고 또 맹세했다. 1차 목표는 S대에 합격시키는 것이었다. 그래서 유치원 때부터 S대학교 탐방은 물론이고 개인과외를 붙여 가며 정코스를 밟아 왔다. 다행히 딸아이도 그녀와 손발이 잘 맞았기에 1차 목표를 의심해 본 적은 단 한 번도 없었다. 첫아이가 중학교 1학년 올라갈 때 둘째 딸을 얻었다. 그녀는 현재 모든 에너지가 큰딸에게 쏠리고 있었기에 둘째 아이는 달갑지 않았다. 모든 열정을 오로지 큰딸에게 쏟아부었다. 그런데 큰딸은 고3이 되어 S대학교에 도전했으나 탈락하고 재수 끝에 다른 대학교에 입학을 해야 했다.

그녀는 큰딸이 S대학교를 탈락하고부터 모든 것을 포기했다. 아무도 만나지 않고 방안에만 틀어박혀 지내면서 어떻게 죽을까를 궁리했다. 그렇게 생활한 지 8개월쯤 지났을까. 이 세상을 정리하려던 순간 거실에서 울고 있는 둘째 딸의 목소리가 들렸다. 나가서 보니 아이의 눈빛이 이상했다. 그녀의 머릿속에는 그동안 오로지 큰딸만 있었을 뿐 둘째 아이는 없었던 것이나 마찬가지였다. 그때 처음으로 엄마로서 둘째 아이의 눈을 바라볼 수 있었다.

이 아이를 놓고 세상을 떠날 수 없다는 판단에 그 뒤부터는 3개월 동안 하루도 빠지지 않고 도서관에 출근했다. 자신과 딸아이의 정신건강을 회복할 방법을 찾기 위해서였다. 그러나 결국은 그 방법을 찾지 못해 딸과 함께 세상을 등질까도 생각했다. 그러다가 우연히 거실 책꽂이에 꽂혀 있는 법정스님의 『무소유』라는 책이 들어와서 그 책을 읽기 시작했다.

그녀는 그 책에서 터닝포인트를 찾아서 정신줄을 놓지 않고 살고 있다고 고백했다.

위 사례를 결자해지 품세에 적용해 보면 다음과 같다.

1단계 : 분노상처 대상들

큰딸, 둘째 딸, 남편…….

2단계 : 분노상처 베스트 대상

위 여성은 결혼 후 남편의 집안으로부터 받은 분노를 1차적으로는 큰딸에게 전가하려 했다. 그 과정에서 큰딸도 상처받았을 가능성이 있으나 가장 큰 상처를 받은 대상은 둘째 딸일 것이다.

3단계 : 분노사건

언제 : 태어나는 순간부터 지금까지

어디서 : 집에서

무엇 때문에 : 언니에게만 올인하느라 방치했음.

예상되는 상처 : 불안, 우울, 증오 등 무기력

4단계 : 분노 유형 탐색

不성실형, 不성찰형, 不여유형, 不관찰형, 不상통형, 不협력형, 不정의형, 不나눔형, 不포용형 등 전반적인 부분에서 부모로서 해야 할 역할 부족했음.

5단계 : 동심(同心)회복 탐색

둘째 아이에게 7년 동안은 하루하루가 고통 그 자체였을 것이다. 더 거슬러 올라가면 엄마 뱃속에 있을 때부터 그 조짐을 느끼고 살았을 것이다. 생명체는 오토매틱이다. 어떤 정기를 먹고 사느냐에 따라서 모양과 색깔이 달라진다. 위 사례의 여성은 '나' 때문에 주위 사람들이 얼마나 힘들었을까를 깨닫지 못했다. 그렇게 생각하면 둘째 아이는 부모를 다시 태어나게 해준 고마운 존재다. 따라서 동심(同心)은 둘째 아이를 평생의 스승으로 모시고 함께 사랑하고 성장해 나가는 삶을 사는 것이다.

폭력 사례의 심리적 공통점은 애정결핍이라고 한다. 성장기에 부모의 사랑을 제대로 받지 못할 경우 그때 쌓아 둔 분노가 일정한 시기와 상황이 조성되면 폭력이라는 형태로 분출된다는 것이다. 또한 통계에 의하면 폭력의 피해자는 나중에 폭력의 가해자가 되는 경우가 많다고 한다. 누구나 힘의 구조에서 보면 약자의 위치에서 강자의 위치로 순환한다. 약자 때 받은 분노의 상처가 잠복해 있다가 강자의 기회가 오면 분노의 보복이 가해진다는 것이다.

우리 사회에 증식하고 있는 분노는 우리 모두가 만들어 낸 바이러스다. 그 바이러스를 퇴치하기 위해서는 '나'로 인해서 분노의 화상을 입은 대상을 추적해서 우선 내가 나에게 사과하고 적극적으로는 그 피해대상에게 용서를 구하는 것이다. 용서는 타인을 위해서가 아니라 자기 자신을 위해서 필요하다.

오, 주 나의 하느님, 언제나처럼 참아 주소서. 이미 아시듯이 이 세상의 인간들이 그들에게 전해 내려온 문법의 규칙은 엄격하게 지키려고 하면서도, 당신에게 받은 영원한 구원의 규칙은 무시합니다. 전통적인 발음의 규칙을 배우거나, 그것을 가르치는 사람들은 어떤 사람이 인간에서 'h' 를 빼고 발음하는 것이 당신의 계명을 어기고 다른 사람을 미워하는 것보다 더 중요하다고 생각합니다. 사람들이 남을 미워할 때는 자신의 내부의 적이 미운 그 상대보다 나에게 더 해가 됨을 알지 못합니다. 미움으로 심각하게 상처받는 것은 그 상대가 아니라 바로 우리의 마음임도 알지 못합니다.

하늘의 침묵 속에서 홀로 높으시고 거룩하시며, 인간에게 보이지 않는 하느님! 우리는 당신의 영원하신 정의는 잘못된 야망에 맹목성이라는 벌을 가하십니다. 웅변가로서 명성을 좇는 사람은 청중에 둘러싸여 인간의 심판관 앞에 서서 자신의 적을 악의에 가득 찬 독설을 퍼붓습니다. 그때에도 인간은 잠깐의 실수로 'human'을 'uman'으로 발음하지 않을까 무척이나 주의하지만, 자신의 마음속 광기가 인간을 죽음으로 몰아넣지 않을까에 대해서는 전혀 걱정하지 않습니다.

아우구스티누스의 『고백록』 일부분이다.

사람은 관심을 어디에 두느냐에 따라서 삶의 모습이 달라진다. 몸에 관심을 두면 몸에 변화가 일어난다. 마음에 관심을 두면 마음에 변화가 일어난다. 긍정에 관심을 두면 긍정의 모습이 나타나고 부정에 관심을 두면 부정의 모습이 나타난다. 아우구스티누스는 하느님이 모든 인간에게 공평하게 안겨 준 맑은 영혼에 관심을 두라고 권한다. 그 맑은 영혼은 영원히 변치 않은 순수한 사랑이다. 나의 영혼을 사랑할 줄 아는 사람이 다른 사람에게도 사랑을 줄 수 있다.

6 유비무환(有備無患) 품세

영화 「마스크」는 마스크를 쓰면 불사신으로 변하여 천하무적이 된다. 은행에서 일하는 평범한 샐러리맨은 우연히 고대 시대 유물인 마스크를 발견한다. 이 마스크는 신비로운 힘을 가지고 있어서 마스크를 쓴 사람은 초인적인 힘을 발휘한다. 주인공은 밤마다 마스크를 쓰고 도시를 휘젓고 다니지만 마스크를 벗고 나면 그 자신이 무슨 일을 했는지 기억하지 못한다.

누구나 한번쯤은 이런 마스크를 쓰고 싶은 욕망이 있을 것이다. 당신에게 이런 마스크가 주어진다면 무엇을 할 것인가? 아마도 마스크의 초인적인 힘을 경험해 본 사람이라면 그 마스크를 버리기는 쉽지 않을 것이다. 사람의 욕망은 위로 향해 있기 때문이다. 만일 주인공처럼 마스크를 손에 쥐고 일상을 산다면 마스크를 쓴 나와, 마스크를 벗은 나 가운데 어느 쪽이 나일까? 마스크를 만나기 전까지는 이런 고민을 할 이유가 없다. 나는 일상의 나이기 때문이다. 인간은 이처럼 쇼킹한 경험을 하게 되면 '나'는 하나가 아니라 또 다른 '나'가 생겨난다. 쇼킹의 강도와 빈도에 따라서 하나의 '나'는 여러 개의 '나'로 분리된다.

유비무환 품세는 분노파편이 박혀 있어 여러 개로 쪼개져 있는 '나'를 그 파편을 제거하여 본래 하나였던 '나'로 회복하는 훈련이다. 그릇이나 컵은 외부의 충격이 있을 때 일정 수위의 임계점을 넘기면 금이 가면서 깨진다. 본래 하나였던 모습은 없어지고 여러 개의 조각으로 남는다. 인간의 정서도 마찬가지다. 원래 하나의 모습을 띠고 있던 정서그릇에 분노의 충격이 가해지면 금이 가기 시작한다. 그 충격을 견디지 못할 때 정서그릇은 상처라는 형태로 깨지고 만다. 정서그릇의 파편화는 인간의 에너지를 낭비시키는 주범이다. 분노의 상처는 과거와 현재와 미래를 자유롭게 여행한다. 그러다가 그 상처는 건드리면 온갖 신경을 곤두세우고 저항한다. 회복되지 않은 상처는 바이러스에 예민하다. 바이러스에 감염되면 합병증으로 발전한다. 분노상처에 바이러스가 감염되면 에너지는 과거와 미래로 흩어진다. 바이러스에 감염된 에너지(氣)는 적군이다. 그 수가 많아질수록 아군에게는 불리하다.

유비무환 품세의 목적은 과거를 더듬으면서 아직 회복되지 않은 상처를 찾아 새살이 돋아나도록 돕는 데 있다. 분노에 있어서 회복과 치료는 다르다. 회복은 본래 하나였던 '나'의 모습을 되찾는 것이다. 그러나 치료는 그 상처를 아물게 했을 뿐 아직 금이 남아 있는 단계를 말한다. 새살이 돋아나지 않으면 흉터는 남는다. 흉터는 남에게 보이기 싫어 감춘다. 흉터는 금이다. 이 품세는 흉터까지 없애는 도구이다. 따라서 유비무환 품세를 익히는 자세는 과거의 분노로 인한 흩어진 에너지를 잘 살펴야 한다.

유비무환 품세 연습방법은 다음과 같다. 1단계는 과거를 여행하면서 분노의 상처와 흉터를 모두 찾아 적는다. 아무리 작은 것이라도 에너지를 흩어지게 하는 것이 무엇인지 모두 기억해 낸다. 2단계는 가장 상처가 깊고 아픈 기억 순으로 정렬하고 순위별로 선택한다. 3단계는 선택한 대상에 대하여 누구와 언제, 어디서, 무엇 때문에 왜 분노의 상처를 남겼는지 탐색한다. 4단계는 그 당시 분노의 주체와 객체의 분노 유형을 찾는다. 5단계는 분노기억을 지우고 동심을 회복한다. 5단계에서 주의해야 할 점은 분노기억을 정리하는 것과 비우는 것은 다르다는 것이다. 정리는 쌓아 놓는 작업이다. 이것은 자기 이해의 단계지, 자기와 대상에 대한 납득은 아니다. 정리는 아직도 여러 개의 '나'에 머물러 있는 상태다. 또 다른 '나'를 인정하는 공부는 분노회복에 한계가 있다. 분노기억은 완전히 비워야 한다. 비우는 흉내만 내어서도 안 된다. 앞에서 언급했던 여러 품세 가운데 이 품세가 가장 고 난이도다. 자기 자신 안에 숨어 있는 저군을 찾아내어 사폭을 해야 하기 때문이다. 비운다는 것은 원래 하나였던 '나'를 믿고 흩어진 에너지를 하나로 모으는 훈련이다.

분노습관 깨기 품세 ▶ 5) 유비무환

과정	수련 내용
1단계	분노기억(상처) 찾기 [기억1] [기억2] [기억3]
2단계	분노기억(상처) 베스트 [분노기억 주체] [분노기억 객체]
3단계	분노상처 상황 [언제] [누구에게] [무엇 때문에] [상대는 이렇게 했다] [나는 이렇게 상처받았다]
4단계	분노 유형 탐색
5단계	동심(同心)회복 탐색

>> 유비무환 품세 사례

●● 30대 후반의 어느 미혼여성의 이야기다. 그녀는 공무원인 아버지와 교사인 어머니 사이에 2남 2녀 중 막내로 태어났다. 현재는 프리랜서로 창작활동을 하고 있다. 그녀는 어릴 때부터 다른 형제와 달리 유별나게 청개구리 기질이 있었다. 형제들과 다른 길을 가려 하고 부모의 의견과 반대 방향으로 걸어 왔다. 그러다 보니 자연스럽게 '홀로' 되는 습관이 형성되었다. 남들과 섞이지 않고 '홀로'를 유지하는 것이 훨씬 편하고 자유스럽다. 무슨 일이 있을 때에도 혼자 생각하고 혼자 판단하고 혼자 책임을 진다. 이러한 습관은 완벽주의로 이어졌다. 조그마한 실수나 결함이 보이면 분노를 일으켰다. 시간이 흐를수록 분노의 화살은 자기 자신에게로 돌아왔다. 자기학대가 심해진 것이다. 결혼 문제도 이러한 맥락에서 어려움에

봉착해 있다. 독신주의는 아닌데 혼자에 길들여진 상황에서 새로운 다른 사람을 받아들인다는 것이 두렵다고 한다. 그녀는 자기학대가 심해질 때면 부모에게 분노를 느낀다. 어릴 때부터 지나치게 타인을 의식하도록 강요받았기 때문이란다.

위 사례를 유비무환 품세에 적용해 보면 다음과 같다.

1단계 : 분노기억(상처) 찾기

친구와 다툼으로 인한 결별, 직장상사로부터 무시당한 사건, 어릴 때 부모의 과잉보호 등

2단계 : 분노상처 베스트

어릴 때 부모의 과잉보호

3단계 : 분노상처 상황

[누구] 아버지, 어머니

[언제] 초등학교 때

[어디서] 집에서

[무엇을] 잔소리 가운데 가장 빈번하게 하는 말은 "남들이 보면 어떻게 하려고 그러니?"였다.

[왜] 매사에 남들을 의식해야 하는 것이 짜증이 났고, 분노의 상황이 발생하면 어릴 때 부모의 잔소리가 기억난다.

4단계 : 분노 유형 탐색

[분노주체] 不성실형, 不성찰형, 不도전형, 不예의형

성실은 자연스러운 주도성이다. 이 여성은 어릴 때 눈치를 보느라 자기강압에 의한 행동습관을 길러 왔을 가능성이 크다. 그것이 청개구리 행동으로 비쳐진 것이다. 또한 아무리 어리다고는 하지만 자기를 살피는 역량이 부족했다. 그리고 무엇보다도 도전의식이 약했다. 부모의 직업적 특성은 둘 다 규범적이고 타인에 대한 의식이 강할 수 있는 환경인 것은 분명하다. 그러나 성찰과 도전을 통한 자기 영역을 만들어 가는 것은 자기 몫이다. 마지막으로 예의도 부족했던 덕목이다. 예의는 스스로 자존감을 기를 수 있는 훌륭한 도구다. 그런데 부모의 환경을 거부하는 데 신경을 쓰느라 그 행동이 부메랑 효과가 되어 돌아올 줄은 몰랐던 것이다.

[분노객체(대상)] 不여유형, 不관찰형, 不상통형, 不협력형, 不포용형

부모는 우선 자녀교육 문제에 있어서 여유와 관찰이 부족했다. 둘 다 사회의 모범이 되어야 할 직업의식을 갖고 사는 것은 훌륭하지만 가정은 새로운 시공간이라는 사실을 잊은 듯하다. 조금 더 여유를 가지고 자녀가 청개구리 행동을 보일 때면 무엇을 고민하고 있는지 제대로 살폈어야 했다. 또한 상통과 협력도 부족했다. 진정어린 사랑의 대화를 나눌 수 있었다면 소모적인 이중의식을 거두어 내고 각자 서로가 협력해서 길러야 할 역할을 찾았을 가능성이 크다. 그리고 부모는 아마도 반항적 태도를 자주 보여 왔던 이 자녀에 대해서 심리적 거리를 두고

"이 아이는 원래 그래."라는 선입견을 가지고 대했을 가능성도 있다. 사실 어렵지만 이런 자녀에게 필요한 것은 절대적인 믿음이다. 포용하고 등 두드려 주면 더 스스로 자기관리를 잘할 수 있는 타입이다.

5단계 : 동심(同心)회복 탐색

위 사례의 그녀는 지금 30대 후반의 어엿한 프리랜서 창작활동가다. 그리고 미혼이기에 부모와 함께 살고 있다. 조건이 되면 결혼도 해야 한다. 이것이 현실이다. 그녀는 지금도 과거의 '나'를 지금의 '나'와 비교하며 저울질하고 있다. 나는 본래 하나다. 따라서 분노로 흩어져 있는 여러 개의 '나'를 기억에서 지우고 오리지널한 하나의 '나'를 찾는 훈련을 해야 한다. 그 원리는 여러 개의 자기를 지켜보고 이해하는 자기정리가 아니라 하나의 '나'만 남긴 채 나머지 '나'는 모두 쓰레기통에 내다 버려야 한다. 하나씩 버릴 때마다 비움의 기쁨과 흩어져 있던 에너지가 하나의 기로 모아진다는 느낌이 들 것이다. 이것이 동심(同心)의 회복이다.

사람은 미완성적 존재다. 성장과정에 누구나 오류는 있다. 그 오류를 발견하고 보다 더 완성에 가깝도록 노력하는 모습이 사람다움이다. 이미 갖추어진 사람보다도 열악한 환경을 디디고 개과천선하는 사람에게 더 큰 박수를 보내는 이유가 여기에 있다. 유비무환은 자기 역사를 돌아보며 내 마음속에 잠복해 있는 분노의 씨앗을 찾아서 그 씨앗을 제거하는 훈련이다. 아픈 만큼 성숙하려면 반드시 이 과정을 거쳐야 한다. 분노에 있어서는 흉터도 남겨서는 안 된다. 그 흉터는 분노의 잠재적 씨앗이기 때문이다. 모든 것이 마찬가지지만 특히 분노 공부는 자기와의 싸움이 가장 어렵다. 나에게 분노를 준 상대는 나를 아끼는 고마운 스승이다. 이것을 받아들이고 내 마음속에 잠복해 있는 분노의 씨앗을 스스로 지워 나가야 한다. 그 길이 내가 상대보다 한 단계 성숙해지는 지름길이다. 고수는 상대와 맞서 싸우지 않고 이긴다.

사리불이 말하였다.

"모든 중생은 일전체로부터 비롯되니, 천제의 마음이 어떠한 계위에 머물러야 여래와 여래의 실상에 이를 수 있습니까?"

부처님께서 말씀하셨다.

"천제의 마음으로부터 여래와 여래의 실상에 이르기까지 다섯 계위를 머물러야 한다.

첫째는 몸가짐이니, 이 몸 가운데 있는 진여 종자가 허망한 것에 의하여 가려 있으나 허망한 마음을 떨쳐 버리면 맑은 마음이 깨끗해짐을 믿고, 모든 경계가 의언의 분별임을 아는 것이다.

둘째는 생각가짐이니, '사랑한다'는 것은, 모든 경계는 오직 의언으로서, 의언으로 분별하여 생각대로 나타나서 보는 바의 경계가 나의 본식이 아님을 관찰하는 것이다. 이 본식은 법도 아니고 의도 아니며, 취하는 대상도 아니고 취하는 주체도 아님을 알아야 할 것이다.

세 번째는 수양가짐이니, 닦는다는 것은 항상 일으키는 것으로, 능기와 기의 닦음이 동시인 것이니, 먼저 지혜로써 인도하여 모든 장애와 어려움을 밀어내어 번뇌로부터 벗어난다.

넷째는 행동가짐이니, 행이라는 것은 모든 수행의 지위를 떠나 마음에 취하거나 버림이 없어지는 것이니, 매우 맑고 근기가 예리하게 된다. 마음을 움직이지 아니하여 여여(如如)하게 되고, 결정되니 여실한 자성이며, 큰 열반으로서 오직 자성은 공적하며 광대하다.

다섯째는 비움가짐이니, '버린다'는 것은 자성의 공적함에 머물지 않고 정지가 흘러 변화하는 것이며, 대비의 여여(如如)한 상은 그 상이 여여(如如)함에 머물지 않는 것이고, 삼먁삼보리에 마음을 비워 증득하였다고 여기지 아니하는 것이다. 마음에 변제가 없어서 처소를 볼 수 없으니, 이것은 여래에 이른 것이다."

대력보살이 말하였다.

"무엇을 간직하는 작용이라고 하며, 무엇을 관찰한다고 하는 것입니까?"

부처님께서 말씀하셨다.

"마음과 현상이 둘이 아닌 것을 간직하는 작용이라고 하며, 안의 행위와 밖의 행위에 나오고 들어감이 다르지 않고 하나의 상에 머물지 아니하여 마음에 얻고 잃는 것이 없어서 하나이면서 하나가 아닌 경지에 마음을 깨끗이 하여 흘러 들어가는 것을 관찰한다고 하는 것이다. 보살아, 이와 같은 사람은 두 가지 상에 있지 아니하니, 비록 출가하지 않았더라도 재가에 머무는 것이 아니다. 그러므로 비록 법복이 없고, 바라제목차계를 갖추어 지니지 않으며, 포살에 들어가지 않더라도 자기의 마음을 무위하고 자재하게 하여 성인의 과보를 얻을 수 있으니, 이승에 머물지 않고 보살도에 들어가서 뒤에 마땅히 지위를 채워서 부처의 보리를 이룰 수 있을 것이다."

불교철학의 정수를 담은 『금강경』의 일부분이다.

이 글에서 부처는 현실에 에너지를 집중하는 방법으로 5단계 프로세스를 제시했다. 몸가짐, 생각가짐, 수양가짐, 실천가짐, 비움가짐이 그것이다.

이 다섯 가지 훈련을 반복하면 흩어져 있던 분노의 집착들이 하나씩 제거된다는 것이다. 이 자기정화는 결국 비움이다. 비우면 비울수록 현실에 충실할 수 있다. 비움의 철학은 에너지 사용의 효율성에 관심을 둔다. 현대인들은 여러 개의 '나'를 관리하느라 피곤하다. 에너지가 낭비되고 있는 것이다. 위 글에서 부처는 '마음과 현상이 둘이 아닌 것을 간직하는 작용이라고 하며, 안의 행위와 밖의 행위에 나오고 들어감이 다르지 않고 하나의 상에 머물지 아니하여 마음에 얻고 잃는 것이 없어서 하나이면서 하나가 아닌 경지에 마음을 깨끗이 하여 흘러들어가는 것을 관찰한다고 하는데, 이 작용과 관찰을 잘하는 사람은 깨달음을 얻은 자'라고 말한다. 비우고 비우면 결국 하나 된 참 '나'만 남는다는 것이다. 무척이나 어려운 말이다. 참 '나'를 찾는 자유와 행복의 기쁨은 공짜로 주어지지 않는다. 그 길은 많은데 그 길을 선택하는 사람은 드물다.

• 제4장 •

분노[火]를 해결하다

분노조절 4단계는 분노해결이다. 3단계에서 분노습관을 제거했으니 4단계에서는 분노주체와 객체 사이에 해결점을 찾는 과정이다. 분노의 해결점은 평상심으로 돌아가는 것이다. 원래의 상태를 회복하는 것이다. 폭풍이 일었던 바다가 잔잔해지는 것이다. 사이좋은 관계로 돌아가는 것이다. 본래의 하나 된 마음을 되찾는 것이다. 분노주체와 분노객체가 동심(同心)을 느끼는 행복한 마음이다. 말없이 가만히 있어도 편안한 마음의 상태다. 처음의 좋은 의도가 보이는 단계다. "아하, 그래서 그랬구나." 하면서 맞장구치는 과정이다. 오해가 없어지고 서운함이 눈 녹듯이 녹는 단계다. 의심이 없어져서 이럴까 저럴까 눈치 보는 일이 없는 상태다. 분노해결은 자기납득이다. 자기가 자기를 완전히 설득할 수 있을 때 분노대상도 용서된다. 진정한 분노해결은 그러는 체하는 것이 아니라 그러해야 하는 것이다. 마음이 통해서 느낌이 좋아야 비로소 분노는 소멸된 것이다. 분노해결은 분노 공부의 실천 단계이다.

1
분노조절 5단계 프로세스

교육은 인식의 틀이 중요하다. 예로부터 큰 인물은 큰 스승으로부터 나온다고 했다. 큰 스승이라 하는 것은 다름이 아니라 인식의 큰 틀을 말한다. 인식의 그릇이 작으면 에너지를 쏟아도 큰 사람은 되지 못한다. 인식의 크기는 삶의 크기다. 기존의 교육 틀은 지식과 기술을 익히는 데는 유용하다. 그러나 사람다운 사람을 만드는 교육의 틀로는 한계가 있다.

이 책은 전반적으로 인성과 소통능력을 기르기에 유용한 교육의 틀을 배경으로 하고 있다. 그 틀은 다섯 단계의 흐름이다. 1단계는 살피기다. 기존 교육은 살피는 교육이 생략되어 있다. 자기를 살피고 다른 사람을 살피고 인류를 살펴야 한다. 자연을 살피고 우주를 잘 살펴야 한다. 살핌은 공부의 시작이다. 살핌은 공부의 동기며 마음 열림이다. 2단계는 발견이다. 공부에서 발견은 대단히 중요하다. 이것은 공부대상에 대하여 '왜 그런가'를 자문자답(自問自答)하는 과정이다.

이 과정을 통하여 내가 무엇을 몰랐는지 발견해야 한다. 그리고 내가 무엇을 새로 알게 되었는지 발견해야 한다. 더 나아가서는 앞으로 내가 무엇을 알아야 하는지도 발견해야 한다. 발견은 공부의 방향을 잡는 나침반이다. 3단계는 깨닫기다. 공부는 머리로 이해하고 기억하는데 그치면 반쪽 배움이다. 깨닫기는 몸으로 체화하는 공부 단계다. 2단계가 '학(學)이라면 3단계는 습(習)이다. 배우기만 하고 익히지 않으면 내 것이 아니다. 이것은 기존의 인식의 틀을 깨고 새로운 인식의 틀을 수용하는 과정이다. 깨닫기는 공부의 소통이다. 4단계는 적용이다. 공부는 주기 위해서 한다. 배우고 익힌 능력을 사회와 인류를 위해서 적재적소에 필요한 역할을 수행하는 단계다.

기존 교육은 학교생활과 사회생활을 이원화하였다. 큰 틀에서 보면 이것은 비효율적이다. 일과 배움, 배움과 일은 서로 별개가 아니다. 적용은 공부의 해결이다. 5단계는 비전이다. 비전은 새로운 출발이다. 세상은 순간순간 변한다. 그 변화의 흐름을 읽고 미래를 준비하는 공부 단계다. 비전은 조짐을 알고 미래를 주도적으로 설계하는 능력이다. 이 장에서는 분노를 해결하는 방법으로 5단계 프로세스를 소개한다.

1단계는 분노살피기다. 분노가 올라오면 대부분 피하기 쉽다. 분노는 기분(氣分)을 나쁘게 하기 때문이다. 그러나 순간의 기분 때문에 분노를 피하게 되면 그것은 정서의 기억에 둥지를 틀고 자리 잡는다. 따라서 분노의 조짐이 느껴지면 내버리지 말고 하나하나 면밀히 살펴야 한다. 분노의 기운은 잠시만 놓쳐도 객기(客氣)의 형태로 달아나 버린다. 정서가 불안정해지면 정신줄을 부여잡고 분노의 주체와 객체가 어떠한 경로로 이동하는지 완전히 사라질 때까지 살펴야 한다. 분노는 대개 살피는 힘의 부족으로 나중에 더 큰 문제가 발생한다. 분노살핌은 분노 공부의 시작이다.

2단계는 분노발견이다. 1단계에서 분노를 포착하였다면 2단계는 분노의 실체를 발견해 내는 것이다. 분노는 정서의 신호다. 그 신호를 예민하게 보고 추적하다 보면 분노의 출발점을 알게 된다. 분노의 원인은 사람에게 있다. 나와 가까이에서 관계 맺는 대상, 그 사이에 있다. 분노는 늘 가까이에서 함께하는 사람 사이에 있기 때문에 찾기가 더 어렵다. 그러나 분노의 원인은 나와 대상 사이에 있기에 반드시 찾아내야 한다. 분노는 건강한 관계를 위한 통증이다. 그 통증을 관찰하고 진단하는 것이 분노의 발견이다. 분노의 통증이 느껴지면 우선은 앞에서 소개한 15개 분노 유형을 참고하여 분노주체와 객체의 분노패턴을 발견해야 한다. 분노발견은 분노 공부의 방향이다.

3단계는 분노깨닫기다. 2단계에서 분노의 원인을 발견하였으니 3단계에서는 분노 유형을 기준으로 분노의 주체와 객체가 정당하게 겨루는 과정이다. 대개 이 과정에서 겨루는 핵심적인 내용은 분노주체의 분노습관과 분노객체의 분노습관이다. 여기에서 승자는 기존에 굳어진 분노습관을 누가 더 잘 깨는가다. 인간은 학습과 기억이 강점이지만 때로는 그것이 약점이 되기도 한다. 특히 잘못된 분노의 학습과 기억은 진드기처럼 붙어 다니면서 평생을 괴롭힌다. 우리나라 사람은 습관을 바꾸는 데 소요되는 필요한 기간이 약 100일이라고 한다. 100일 동안 기도하는 마음으로 앞에서 소개한 5가지 품세를 활용하여 분노주체와 객체 사이의 분노습관을 깨는 데 정진해야 한다. 분노깨닫기는 분노 공부의 소통이다.

4단계는 분노해결이다. 3단계에서 분노습관을 제거했으니 4단계에서는 분노주체와 객체 사이에 해결점을 찾는 과정이다. 분노의 해결점은 평상심으로 돌아가는 것이다. 원래의 상태를 회복하는 것이다. 폭풍이 일었던 바다가 잔잔해지는 것이다. 사이좋은 관계로 돌아가는 것이다. 본래의 하나 된 마음을 되찾는 것이다. 분노주체와 분노객체가 동심(同心)을 느끼는 행복한 마음이다. 말없이 가만히 있어도 편안한 마음의 상태다. 처음의 좋은 의도가 보이는 단계다. "아하, 그래서 그랬구나." 하면서 맞장구치는 과정이다. 오해가 없어지고 서운함이 눈 녹듯이 녹는 단계다. 의심이 없어져서 이럴까 저럴까 눈치 보는 일이 없는 상태다. 분노해결은 자기납득이다. 자기가 자기를 완전히 설득할 수 있을 때 분노대상도 용서된다. 진정한 분노해결은 '그러는 체하는 것이 아니라 그러해야 하는 것'이다. 마음이 통해서 느낌이 좋아야 비로소 분노는 소멸된 것이다. 분노해결은 분노 공부의 실천이다.

5단계는 분노예방이다. 분노는 한 번 해결했다고 끝나는 공부가 아니다. 분노 공부는 평생 동안 해야 한다. 사람과 사람 사이의 관계는 예측이 불가능하다. 그럼에도 불구하고 분노는 예방이 가능하다. 건강한 사람은 열악한 환경이 조성되어도 병에 걸리지 않을 확률이 높다. 마찬가지로 분노를 예방하려면 사람과 사람 사이의 관계에 필요한 요소를 충분히 배우고 익혀야 한다. 현대사회는 분노를 유발하기 쉬운 환경이다. 먹는 것, 입는 것, 자는 것, 노는 것, 공부하는 것, 일하는 것, 대화하는 것 사이사이에 분노의 요소가 숨겨져 있다. 분노에 대한 적절한 긴장은 인간관계에 면역력을 길러 준다. 분노예방은 분노의 조짐을 알고 준비하는 공부이다.

●● 40대 중반의 어느 여성의 이야기다. 은행에 볼 일이 있어서 방문했는데 직원의 불친절 때문에 분노가 폭발했다는 사연이다. 여느 때처럼 VIP룸에 들어가서 대기번호표를 뽑고 살펴보니 그날따라 손님이 많아서 '꽤나 오래 기다려야겠구나.' 하는 생각이 들었다. 한참을 기다려서 이제 그녀 바로 앞 손님 차례가 되었다. 그런데 그녀 앞 손님과 직원은 시시콜콜 사담을 즐기면서 30분을 훌쩍 넘기면서 업무를 마쳤고 그 손님이 나갈 때 직원은 사은품까지 챙겨 주며 극진한 대접을 하는 것이었다. 그녀 차례가 되었는데 직원은 일언반구 없이 사무적으로 맞이했다. 사실 기다리는 동안 화가 이미 끓고 있었는데 기다리게 해서 죄송하다는 말 한마디 없이 사무적인 업무만 보는 직원을 보는 순간 분노가 폭발했다.

그녀는 분노가 폭발하면 얼굴이 붉어지고 손이 떨리며 목소리를 더듬는다는 것을 잘 알기에 그 직원 앞에서 그런 모습을 보이기 싫어서 급히 업무만 보고는 얼른 밖으로 나와 버렸다. 나와서 흥분이 조금 가라앉자 도저히 참을 수 없어서 지점장실에 가서 그 상황을 고발하고 집으로 돌아왔다.

위의 사례를 분노조절 5단계 프로세스에 적용하면 다음과 같다.

1단계 : 분노를 살피다

분노폭발 사건 당시의 은행 상황과 자신이 처한 상황을 정서의 변화라는 관점에서 육하원칙으로 정리해 본다. 은행에 갔을 때 손님이 많아서 오래 기다려야 하는 상황인데도 은행 직원은 앞 손님과 불필요한 이야기를 나누었고 더구나 나에게 죄송하다는 말 한마디도 없었다. 그래서 분노하여 지점장에게 찾아가서 불친절 신고를 했다.

2단계 : 분노를 발견하다

분노의 원인을 개인감정과 상상에서 벗어나 주요 인성키워드 유형에서 찾는다. 은행 직원은 不관찰형, 不예의형이다. 그때 상황에서 손님이 많았으면 업무에 집중하고 다른 고객들의 심경도 헤아려야 했는데 한 손님에게 과한 대접을 했다. 또한 업무상 그 손님에게 그렇게 대접할 수밖에 없었다면 다른 고객들에게 사과의 예를 표하는 게 맞다. 그리고 나는 不여유형에 해당한다. 그때 시간이 없었던 것도 아닌데 조급하게 신경을 곤두세웠던 것은 마음의 여유가 부족했기 때문이다.

3단계 : 분노를 깨닫다

나는 이러한 상황에서 분노가 폭발하면 대개 상대에게 분노를 전가시켜 왔다. 사실 그때 직원에게 바로 직언하지 않고 지점장에게 신고한 것은 그렇게 하면 그 직원에게 불이익이 더 크게 갈 것이라는 계산에서 나온 행동이었다. 지금 다시 생각해 보니 나는 정직하지 못했다. 나는 나와 비슷한 사람과 비교해서 대접을 받지 못한다고 생각하면 분노가 폭발하는 습관이 있다. 그때에도 앞 손님과 나를 비교해서 내가 그 손님보다 못하다는 자격지심 때문에 분노가 폭발한 것이다. 나는 앞으로 다른 사람과 비교하는 습관을 버리고 나의 개성을 찾는 습관을 길러야겠다.

4단계 : 분노를 해결하다

나의 분노를 깨닫고 보니 나와 그 직원은 크게 다를 게 없다는 생각이 들었다. 그리고 그 상황에서 지점장에게 신고한 것은 더 큰 분노를 키우는 일이었다. 그 상황을 서로가 가장 잘 알고 있는 나와 직원 사이에 서로 그 자리에서 정서적인 화해를 하는 것이 성숙한 모습이었다. 분노가 발생하면 전가하려 했던 습관을 고치기 위해서라도 그 직원 앞에서 당당하게 사과를 받는 도전을 했어야 옳았다. 그리고 그 직원은 대접받기를 원하는 VIP 고객을 상대하다 보면 정서적으로 피곤할 것이다. 생각해 보면 그 직원이 나의 업무를 부실하게 처리했거나 손실을 준 것은 아무것도 없다. 이 분노사건은 나를 성찰할 수 있는 좋은 기회였다. 다음에 그 직원을 보면 조금은 더 여유로운 마음으로 대할 것이다.

5단계 : 분노를 예방하다

나는 분노상황을 마주치면 단면적인 것만 보고 즉각적인 반응을 보이는 경향이 많았다. 앞으로는 여유를 가지고 그 상황에 대한 입체적인 검토를 해서 나와 상대가 모두 도움이 되는 방법을 찾도록 노력할 것이다. 그리고 분노는 나에게 분노를 일으킨 1차 대상에게 직접적으로 적절한 타이밍에 맞추어 상처 없이 적극적으로 해결하는 훈련이 필요하다는 것도 느꼈다. 분노는 내 자신을 위해서도 적극적으로 해결할 것이다.

2

'사랑'은 통심(通心)이다

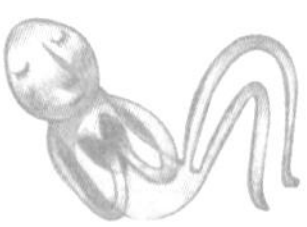

얼마 전 지인에게서 '박경리 『토지』를 읽고서'라는 제목의 메일이 왔다. 고등학교 독일어 교사였는데 명예퇴임을 하고 현직에 있을 때 꼭 읽고 싶었던 『토지』를 읽고서 감회를 밝힌 것이었다.

"박경리님의 대하소설 『토지』 21권을 읽는 100여 일 동안 행복했습니다. 이 행복은 평생 계속될 것입니다. 개인적으로 교직을 정년까지 하지 않고 명예퇴임을 한 이유들 중의 가장 큰 것이 바로 이러한 기쁨과 즐거움을 누리기 위해서였습니다. 현직에 있을 때는 학교 일이 바빠서, 피곤해서, 마음의 여유가 없어서, 책 읽는 속도가 매우 느려서 읽을 엄두를 내지 못하였지요."

소감문 시작 글 내용이다. 개략적인 권별 내용 소개와 소회를 다섯 장 분량으로 정리했다. 약 50여 년 동안의 난세를 배경 삼아 25년에 걸쳐서 400페이지 분량으로 600여 명의 등장인물을 통하여 그려 낸 21권의 대작. 지인은 감상문 마지막에

"『토지』를 읽으며 또한 읽고 나서, 지상에 살았던 모든 생명들, 그리고 지금 살고 있는 한 사람, 한 사람 어느 누구든지 그 무엇과도 견줄 수 없을 만큼 소중하고 귀한 존재라는 생각을 많이 하게 되었습니다. 사람 사는 일을 긴 호흡으로 볼 수 있는 안목이 어느 정도는 생긴 것 같습니

다. 동네에서 길을 걸으며 보게 되는 할머니, 할아버지, 아주머니, 아저씨, 젊은이들, 아이들, 이 모든 사람들이 『토지』에서 본 바로 그 사람들인 것만 같아 애틋하고 정겹습니다. 이렇게 박경리님의 대하소설 『토지』의 여운은 그 소설의 길이만큼이나 오래오래 내 가슴속에 남아 있을 것입니다. 박경리님, 정말 고맙습니다."라고 적었다. 문학작품을 통하여 인생의 터닝포인트를 만들어 가는 참 아름다운 모습이다.

문학은 사랑과 소통의 신이다. 문학은 상상의 세계를 다룬다. 상상의 세계는 허구의 세계와 다르다. 상상은 에너지를 충전시키지만, 허구는 에너지를 소진시킨다. 상상의 본질은 사랑이다. 사랑은 대상과 낯선 대상이 만나 새로운 하나를 잉태시킨다. 문학작품은 사랑의 프로세스를 기승전결로 드러낸다. 따라서 사랑은 무(無)에서 유(有)를 창조하는 무한한 상상력의 결실이다. 문학작품을 읽는 이유는 상상력 즉, 사랑의 근육을 키우는 데 있다. 사랑의 세계는 넓고, 크고, 높고, 깊다. 손에 잡힐 듯 말듯 요술을 부린다. 성격 급한 사람은 사랑이 쉽지 않다. 사랑의 대상도 무한히 확장된다. 나와 나 사이의 사랑, 부부 사이의 사랑, 부모와 자녀 사이의 사랑, 친구 사이의 사랑, 배움 사이의 사랑, 일 사이의 사랑, 자연과 우주 사이의 사랑 등으로 뻗어나간다. 사랑의 이러한 특성 때문에 예술의 역사에서 '사랑'이라는 주제는 가장 사랑을 받는다. 인류의 역사는 사랑의 역사라 해도 과언이 아니다. 사랑은 신이 인간에게 준 특별한 선물이다. 상상의 세계에서 사랑이라는 이름으로 무한한 자유를 누릴 수 있는 것은 오직 인간뿐이기 때문이다.

상상 속의 사랑은 삶의 연습일 뿐이다. 진정한 사랑은 삶의 모습에서 드러난다. 사랑의 근육이 발달한 사람은 세상이 사랑스럽게 보인다. 근육이 약한 사람은 세상이 낯설어 보인다. 나와 대상이 멀어져 있기 때문이다. 사랑의 원리는 통심(通心)이다. 나와 대상 사이에 통하는 마음이 증가할수록 애정지수는 높다. 문제는 통심을 어떻게 기를 것인가이다. 통심을 기르기 위해서는 우선 나와 대상 사이에 무엇을 주고받을 것인지 본질의 목적과 기준을 세워야 한다. 이것이 사랑의 출발점이기 때문이다.

여기서 주고받음은 단순한 거래조건을 의미하는 것이 아니다. 사랑의 본질은 살림살이다. 나와 대상은 서로를 살리기 위해서 만나야 진정한 사랑을 꽃피울 수 있다. 따라서 사랑의 목적과 기준은 사랑의 결실을 맺을 수 있는 출발 마음이 같도록 합의하는 것이다. 출발점은 믿음의 밭이다. 다음으로는 변화의 흐름을 잘 읽어야 한다. 이 세상에 사랑만큼 변화무쌍한 것도 없을 것이다. 특히 사람의 정서는 예리하고 예민하여 조심스럽게 다루지 않으면 본인의 의도와는 전혀 다른 방향으로 흐르기 쉽다. 정서와 정서는 통심(通心)의 정도에 따라서 다양한 묘기를 부린다. 동일한 사건이나 사물도 통심이 빚어낸 정서의 색깔에 따라 다르게 나타난다. 통심을 기르기 위해서는 정서와 정서의 흐름을 잘 다루는 능력을 길러야 한다. 정서는 다름과 같음을 동시에 추구하는 성질이 있다. 사람마다 정서가 다른 것은 더 큰 같음을 추구하기 위한 조건이다. 따라서 일방적인 정서의 지배구조에서는 건강한 사랑의 열매를 거둘 수 없다. 서로 다른 정서가 만나 새로운 정서를 창조하는 것, 이것이 사랑의 기본원리이기 때문이다.

마지막으로는 마음을 비우는 연습을 꾸준히 해야 한다. 통심은 마음의 크기이다. 마음은 마음먹기에 따라서 무한히 커질 수도 작아질 수도 있다. 마음이 답답한 사람은 마음이 작은 사람이다. 이런 사람은 대상과 통심의 폭이 적다. 마음이 답답한 사람은 마음속에 불필요한 에너지가 흐른다. 통심의 달인은 마음속에 두어야 할 것과 버려야 할 것을 잘 가려서 실천한다.

공도자가 물었다.
"사람들이란 존재는 모두 같을 텐데 누구는 대인(大人)이 되고 누구는 소인(小人)이 되는 까닭은 무엇입니까?"
맹자가 말하였다.
"몸의 대체(大體)를 따르면 대인이 되고, 몸의 소체(小體)를 따르는 사람은 소인이 된다."
"똑같은 사람인데 누구는 대체를 따르고 누구는 소체를 따름은 어째서입니까?"
맹자가 말하였다.
"귀와 눈의 기능은 생각을 하지 못한다. 그래서 외부의 환경에 가려지기도 하는데 외부의 사물이 하나의 기능에 불과한 귀나 눈과 접촉하면 귀나 눈은 외부의 사물에 의해 끌려가게 되는 것이다. 그러니 마음의 기능은 생각하는 것이다. 그런데 생각을 하면 이치를 터득할 수 있고 생각하지 못하면 이치를 터득하지 못한다. 이러한 마음은 하늘이 우리 인간에게 부여해 주신 것이다. 그러므로 먼저 그 중요한 부분을 확고하게 세우면 하찮은 부분들이 그 중요한 부분을 빼앗아 가지 못한다. 이것이 대인(大人)이 되는 이유이다."

『맹자』'고자 편'의 일부분이다.

맹자는 대인과 소인의 차이는 보는 눈을 어디에 두느냐에 달려 있다고 말한다. 소인은 외부의 사물 하나하나에 반응하여 사물에 끌려 다니는 사람이다. 반면에 대인은 생각을 통하여 사물의 이치를 터득하는 사람이다.

이러한 사람은 외부의 사물에 휘둘리지 않고 자기중심(中心)을 지켜 나간다. 사물의 공통되는 이치는 통심(通心)이다. 이치는 서로 통하는 것의 발견인 것이다. 따라서 대인(大人)은 통심을 알고 실천하는 사람이다. 통심은 분노의 맥을 잡는 고도의 기술이다. 통심은 사랑이다. 사랑하는 사람은 행복하다. 사랑하는 대상과 통심하는 삶을 살아가기 때문이다. 혼자 있어도 심심하지 않다. 상상의 세계에서 다양한 대상들과 소통을 나눈다. 길거리에서 만난 낯선 사람들도 통심이 느껴진다. 얼굴 표정에서 말씨에서, 눈빛에서, 옷차림에서, 희로애락의 사람 향기가 통한다. 정겹고 애틋하고 아름다우며 때로는 안타까움이 교차한다. 도심의 빼곡한 빌딩 사이를 걸어도 외롭지 않다. 건물마다, 가게마다, 간판마다, 물건마다 형형색색의 자태와 통하기 때문이다. 직장 동료와 상사, 그리고 불편한 고객도 사랑의 불꽃을 잠재우지는 못한다. 사랑하면 결점은 작아 보이는 법이다. 점점 더 날카로워져 가는 사회현상은 애정

결핍증이다.

사랑의 근육은 눈에 보이지 않는 상상의 세계에서 깨닫고 길러진다. 사랑의 조건은 밖에 있는 것이 아니다. 꺼져 가는 내 마음속 사랑의 불씨를 다시 지펴야 할 시대다. 그것이 분노의 시대를 살아가는 지혜다.

3
포기하는 것도 도전이다

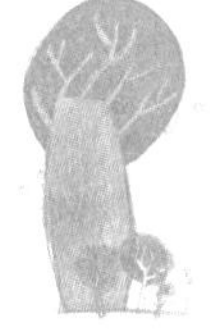

동네에 단골 약국이 하나 있는데 노부부가 사근사근하고 제법 야무지게 운영한다. 물건을 고르고 계산을 할 때면 꼭 빼놓지 않고 하는 말이 있다. '이 약은 정가는 얼마인데 다른 약국에서는 얼마에 판다. 그런데 우리 약국에서는 세일해서 얼마에 드린다.' 고객의 입장에서는 기분 좋은 말이다. 그 약국에 가면 항상 세일의 혜택을 본다. 훌륭한 마케팅전략이다. 그래서 이 약국은 항상 붐빈다.

바겐세일은 사람의 마음을 움직인다. 선택의 심리적 부담을 자극시키기 때문이다. 대바겐세일을 할 때면 지금 당장은 불필요한 물건인데도 관심을 갖게 된다. 선택에는 늘 심리적 부담이 뒤따른다. 물건은 정말 믿을 수 있는 걸까? 가격은 적정할까? 바가지 쓰는 건 아닐까? 다른 곳에 가면 더 싸게 살 수 있는 건 아닐까? 지금 사야 할까? 후회하지 않을까? 물건은 마음에 들어 할까? 비즈니스를 잘하는 사람은 고객의 심리적 부담을 적절하게 조절한다. 특히 거래의 고수는 심리적 타이밍을 잘 활용한다. 지금 이 기회를 놓치면 손해 본다는 심리적 압박을 적절할 때 적절하게 가한다.

인생은 선택의 연속이다. 그중에서도 기회의 선택은 매우 중요하다. 기회는 잘 잡으면 대박이지만 잘못 잡으면 쪽박이 될 수도 있다. 대개 기회는 5대 5의 상황에서 선택해야 하는 경우가 많다. 득과 실이 반반이다. 살기가 어려워질수록 긍정의 기회는 점점 더 줄어든다. 현대인들은 자기에게 긍정의 기회가 줄어들고 있음을 직감하고 있다. 그만큼 사회가 불안하다는 이야기다. 그 불안 심리를 악용하는 기회를 빙자한 유혹이 늘고 있다. 사실 기회와 유혹은 동반하는 경우가 많다.

그러나 마음의 관점에서는 기회와 유혹은 출발점이 다르다. 기회는 5대 5 상황에서 출발하지만 유혹은 0대 10 상황에서 출발한다. 유혹은 일회적 관계를 전제로 하고 거래하기 때문이다. 현대사회는 유혹을 세일하는 사회로 변질되고 있다. 유혹의 선택은 결국 후회를 낳는다. 후회는 인간에 대한 불신을 키우고 그 불신은 분노의 밭을 제공한다. 따라서 유혹이 통하는 사회는 분노를 기르는 사회다. 이러한 사회는 사람과 사람의 관계망이 허술하다. 그 속에서는 개개인들의 의지와는 상관없이 서로가 속고 속이는 행위를 반복한다. 그 행위의 습관은 자기 자신도 모르게 몸에 밴다. 무서운 것은 처음에는 모르는 사람에게 비즈니스용으로 사용하던, 유혹하는 삶의 방식이 점차적으로 가까이에 있는 사람에게까지도 광범위하게 적용하게 된다는 사실이다. 인생은 바겐세일이 아니다. 우리 사회에 팽배해 있는 많은 분노의 지뢰는 유혹의 밭에서 나온다. 선택은 곧 자기책임이다. 유혹으로 인한 분노의 환경을 벗어나기 위해서는 선택의 기준을 명확하게 정해야 한다.

선택의 기준은 내 것과 내 것 아닌 것의 판별이다. 시내에서 버스를 타려고 정류장에 서 있으면 수많은 버스들이 내 앞을 지나간다. 그러나 내가 타야 하는 버스는 그 가운데 한두 대로 이미 정해져 있다. 사무실 근처에서 점심을 먹으러 식당가를 나오면 음식점이 메뉴별로 즐비하다. 이때도 여러 가지를 고려해서 그날 점심을 먹는 식당은 한 곳으로 정해진다. 내가 선택한 버스와 음식점은 내 것이다. 그 나머지는 내 것이 아니다. 내 것을 정확하게 선택하기 위해서는 내가 줄 것과 내가 받을 것을 명확하게 알아야 한다. 우선은 상대에 대한 정보를 알아야 한다.

초행길을 갈 때는 버스 선택이 쉽지 않다. 노선과 운행시간 운임 등 여러 가지 정보를 얻느라 두리번거리게 된다. 음식점을 선택할 때도 마찬가지다. 맛은 어떤지, 가격은 어떤지, 서비스는 어떤지, 카드는 받는지 안 받는지 등 정보를 얻기 위해 식당 밖에서 기웃거린다. 정보를 알았으면 이제는 계산기를 두들겨 보아야 한다. 가격대비 최고의 만족을 얻을 수 있는 적점을 찾아야 하기 때문이다. 여기서 합리적인 적점은 내가 줄 것과 받을 것이 5대 5의 지점이다. 문제는 5대 5 이하이거나 그 이상인 경우다. 내가 줄 것보다 받을 것이 더 많으면 해피하게 선택한다. 그런데 내가 줄 것보다 받을 것이 적으면 버린다. 이것이 시장논리의 정석이다. 대개 인생의 문제도 여기에 준한다. 그러나 바겐세일에 익숙해진 우리는 주는 것의 행복을 잊고 산다. 인생에서 내 것은 받을 것보다는 내가 줄 것이 더 많다.

받을 것에 예민한 사람은 분노가 많다. 내 것보다는 남의 것을 더 탐내기 때문이다. 분노를 줄이기 위해서는 남의 것을 포기하는 연습이 필요하다. 남의 것을 취하도록 부추기는 것이 유혹이다. 남의 것은 언젠가는 내 손에서 떠난다. 설령 남의 것은 내 손 안에 있더라도 나에게 화근이 되거나 더 좋은 기회를 빼앗아 간다. 이런 경우는 우리 사회 곳곳에서 발견된다. 주위에 보면 사업을 하는 사람들 중에 무리하게 확장을 해서 자금이 부족하면 지인들에게 SOS를 요청한다. 이 고비만 넘기면 대박이 기다린다고 유혹한다. 대학 입학시험이나 취업시험, 특히 공무원시험은 간발의 차이로 승패가 갈라진다. 한 해만 더 참고 도전하면 나에게 행운이 올 것이라고 유혹한다. 각종 선거에 출마해서 박빙으로 낙마해 본 경험이 있는 사람은 다음번에는 그동안 유권자에게 뿌려 온 땀방울을 거둘 기회가 올 것이라는 유혹을 떨치기가 쉽지 않다. 도전은 목표를 향해 돌진하는 것이 아니다. 내 것이 아닌 것을 포기하는 것도 훌륭한 도전이다. 현대인들은 포기하는 도전이 더 어려울 것이다.

포정이라는 훌륭한 요리사가 살았다. 포정은 문혜군을 위하여 소를 잡았다. 그가 소를 잡을 때는 손을 갖다 대고 어깨를 기울이며 발로 디디고 무릎을 굽힌다. 쓱쓱, 쓱쓱 칼질하는 완벽한 음률이 상림의 춤을 추고, 경수의 장단에 맞춰 율동하는 것 같았다.
문혜군이 그걸 보고 말했다.
"참으로 잘도 하는구나. 이렇게도 재주가 뛰어날 수 있단 말이냐?"

포정이 칼을 내려놓고 대답했다.

"저는 다만 도(道)를 귀하게 생각할 뿐이옵니다. 도는 재주를 넘어선 것이지요. 제가 처음에 소를 잡았을 때는 눈에 보이는 건 소의 모습뿐이었어요. 삼 년이 지나니 소가 통째로 보이지 않더군요. 지금은 소를 마음으로 대할 뿐이지, 눈으로 보지 않습니다. 눈으로 보지 않으니 마음이 가는 대로 칼을 움직입니다. 원래 생긴 그대로의 고기 결을 따라 고기 사이의 틈바귀가 있으면 거기에 칼을 밀어 넣고 큰 구멍에 칼을 댑니다. 이렇게 소가 생긴 그대로 칼을 댈 뿐, 무리하게 소의 살이나 뼈를 댄 적이 없었지요. 솜씨 좋은 소잡이는 일 년 되면 칼을 바꾸는데 그건 고깃살을 가르기 때문입니다. 평범한 소잡이는 달마다 칼을 바꾸지요. 뼈를 자르니까 그렇습니다.

하지만 저의 칼은 19년이나 되었고, 그동안 소를 수천 마리 잡았지만 칼날은 방금 숫돌에 간 것 같습니다. 뼈마디에는 틈새가 있고, 칼날에는 두께가 없습니다. 두께가 없는 것을 틈새에 넣으니 널찍하여 칼이 여유 있게 움직일 수 있습니다. 그래서 19년이나 되었지만, 칼날은 방금 숫돌에 간 것 같죠. 하지만 살과 뼈가 엉킨 곳은 저도 어려워 두렵습니다. 거긴 아주 조심조심하여 집중하여 천천히 손을 움직여 칼질을 아주 미묘하게 움직이죠. 그러면 뼈와 살이 툭하고 갈라지는데 마치 흙덩이가 땅에 떨어지는 소리 같아요. 칼을 들고 일어서 일단 사방을 둘러보고 잠시 머뭇거리다가 흐뭇한 마음으로 칼을 닦아 갈무리를 합지요."

문혜군이 말했다.

"대단하구나. 오늘 네 말을 듣고 난 양생(養生)이 뭔지 배웠다."

『장자』'양생주 편'의 일부분이다.

도(道)는 재주(스킬)를 넘어서는 것이다. 여기서 도(道)는 내 것을 의미하고 재주는 남의 것을 뜻한다. 내 것을 선택하는 사람은 줄 것에 초점을 맞춘다. 그리고 남의 것을 선택하는 사람은 받을 것에 더 무게를 둔다. 이것이 선택의 기준이요, 차이다. 내가 줄 수 있는 것을 항상 고민하는 사람은 성장과 함께 여유가 생긴다. 이런 사람에게 유혹은 통하지 않는다. 유혹은 나약한 사람에게는 기회로 보인다. 분노의 골이 깊은 사람은 인생에서 어떠한 선택을 해 왔는지 스스로 점검해 보기 바란다. 인생은 답이 없는 것이 아니라, 그 답을 내가 아직 찾지 못했을 뿐이다.

4
'사이'는
실존(實存)이다

얼마 전 교육계 관계자와 미팅이 있었다. 나이는 약 40대 중반쯤으로 보이고 얼굴은 검고 키는 작은, 꽤 수줍음을 타는 남자였다. 업무 이야기를 마치고 함께 점심식사를 하기 위해 단 둘이서 식당에 앉았다. 주문을 하고 나니 침묵과 함께 머쓱한 분위기가 흘렀다. 분위기를 바꾸기 위하여 어디에 사는지를 물었다. 경기도 외곽에 산다고 했다. 그 지역에 대해서 한두 마디 묻고 또다시 침묵이 흘렀다. 곰곰이 생각하다가 이번에는 취미로 무엇을 하느냐고 물었다. 그는 특별한 취미활동은 없고 가끔 산행을 즐긴다고 했다. 순간 학창시절 때 첫 미팅하던 기억이 떠올랐다. 서로 수줍어하면서도 내 마음에 드는 여학생을 택하기 위해서 심리탐색전에 맞는 질문을 뽑았던 그때 상황이 지금과 비슷해서였다. 이번에는 슬하에 자녀는 어떻게 되느냐고 물었다. 그는 순간 얼굴이 빨개지면서 다음 기회에 말해 주겠노라고 말했다. 이럴 때는 어떻게 수습을 해야 할지 당황스러웠다. 다행히도 그 타이밍에 주문한 음식이 나왔다.

우리는 낯선 사람과 처음 만나서 인사를 건네고 머쓱할 때면 날씨 이야기를 건넨다. 그러다가 틈을 보아서 머리스타일이나 의상 등 눈에 띄는 모습을 칭찬하기도 한다. 그런가 하면 공통적인 화제를 염두에 두고 뉴스거리를 찾기도 한다. 소위 아이스브레이킹((ice breaking) 미션이다. 사람은 낯선 대상을 만나면 정서의 경계본능이 작동한다. 외면적으로는 웃고 있지만 내면적으로는 상대에 대한 정보를 탐색하느라 바쁘다. 정보탐색을 마치고 나면 그 데이터를 근거로 상대와의 정서거리를 판단한다. 일반적으로 공유할 대상이 많을수록, 자주 만날수록 정서거리는 더 빨리 좁혀진다. 정서거리는 친밀도다. 정서거리가 가까울수록 친근감이 높아져 마음의 경계를 풀고 속내를 더 많이 보여 준다. 따라서 아이스브레이킹은 정서거리를 좁혀 가는 중요한 역량이다. 그런데 인간관계에서 '거리'라는 개념은 '나'와 '너'는 다르다는 명확한 구분에서 출발한다. 정서거리를 좁힌다는 것은 '나'의 길과 '너'의 길이 서로 부딪치지 않도록 일정한 거리를 두고 가자는 의미가 깔려 있다. 이러한 맥락에서 보면 정서거리 좁히기 식의 인간관계는 소극적일 수밖에 없다.

가장 적극적인 인간관계 모형은 '좋은 사이'를 만들어 가는 것이다. '사이'는 '거리'와 다른 개념이다. 거리는 각자의 영역에 대한 존중에서 출발한다. 반면에 사이는 '나'와 '너'를 떠난 제3의 영역에서 출발한다. 그곳은 미지의 영역인 것이다. 사이는 기존의 '나'와 '너'의 길을 벗어날 때 잘 만들어진다. 사이는 가상의 정서공간이다. 그래서 있다가도 없어지고, 없어졌다가도 다시 생겨난다. 사이는 눈에 보이지 않는 에너지(氣)이기 때문이다. 과학의 눈으로 보면 사이는 포착하기 어렵다. 정서의 에너지(氣)는 직관으로 인식되며 그 힘은 무한하며 신비하다. 개인주의의 발달은 '사이'를 기르기에 어려운 환경이다. 사이는 개인주의의 중심 에너지인 '나'를 내려놓아야 하기 때문이다. 사이의 근력이 떨어지면 인간관계의 파편화현상이 생긴다. 너는 너고, 나는 나인 것이다. 이러한 파편구조에서는 관계를 지탱하는 에너지가 약해진다. 사람과 사람의 관계가 모래알처럼 흩어져 있어서 조금만 부딪쳐도 분노를 유발한다. 나와 너는 본래부터 이질적인 존재로 인식하기 때문이다. 오리지널한 '사이'는 제3의 가상 영역이기 때문에 그곳에서는 경쟁도 싸움도 무의미하며 분노를 흡수한다.

사실 대한민국은 전통적으로 '사이'를 존중하는 민족이었다. 그 근거는 '우리'의 개념이다. '우리'는 '사이'와 가장 흡사하다. '우리'는

'나'와 '너'를 아우르는 총칭의 개념이다. 대한민국 사람들은 나의 아들딸도 '우리 아들딸'이다. 심지어 나의 부인도 '우리 부인'이라 칭한다. 백화점에서 직원과 고객은 서로 언니, 어머니라고 부른다. 과거 한국 사람들은 초면인 사람에게도 개인의 사생활을 거침없이 물었다. 족보를 물었고 스승을 물었고 출신 지역을 물었다. 살림살이에 대해서도 물었고 배우자와 자식에 대해서도 꼬치꼬치 물었다. 우리는 모두가 한 가족이라 여겼기 때문이다. 이 공동체 속에서 서로 엉켜서 정(情)을 만들어 왔던 것이다. 이러한 정(情)문화를 만들어 낸 '우리'는 한국적 정서의 정수이며 훌륭한 가치인 것만은 분명하다.

그러나 그것이 지나치게 집단화될 경우 개인에 대한 존중을 잃어버릴 가능성이 크다. 따라서 대한민국의 정서에 맞는 가장 이상적인 인간관계의 모형은 '우리 사이'의 개념이다. '우리 사이'는 '나'와 '너'를 아우르는 제3의 '사이'이다. 이것은 '나'도 살리고 '너'도 살리고 '우리'도 살리는 개념이다. '사이'가 가상공간이라면 '우리 사이'는 실존(實存)이다. '우리 사이'는 갈등을 해결하는 러브존(love zone)이며 피스존(peace zone)이다. '우리 사이'는 큰 공간이다. 이 공간에서는 개개인들이 추구하는 가치를 넘어서서 모두를 위한 가치를 기를 수 있다. 그래서 개인은 사라져도 '우리 사이'는 영원히 남는다. 따라서 에너지(氣)를 극대화하기 위해서는 이 실존의 공간을 인식하고 잘 가꾸어야 한다.

서른 개의 바퀴살이 한 곳의 바퀴통으로 모이는데,
그 속이 비어 있어야 수레로 쓸모가 있다.

찰흙을 빚어 그릇을 만드는데,
그 속이 비어 있어야 그릇으로 쓸모가 있다.
문과 창을 뚫어 방을 만드는데,
그 방 안이 비어 있어야 방으로 쓸모가 있다.
그러므로 있음이 이롭게 되는 것은
없음의 쓰임이 있기 때문이다.

노자의 『도덕경』 11장이다.

비어 있어야 쓸모가 있다는 이야기다. 기존의 문명구조는 빈 곳은 쓸모없다는 생각이 지배적이었다. 가령 도심 속에 조그마한 공간이 생기면 그 자리는 어느새 건물이 들어선다. 일정관리를 알차게 하기 위해서 플래너를 쓸 때에도 빈 곳이 있으면 불안하다. 강의도 빈틈없이 많은 노하우를 가득 전수해 주기를 원한다. 언어도 행간의 틈을 무시하고 축약어가 빈번하게 사용된다. 교통과 통신의 경쟁력은 시간과 공간의 빈틈을 누가 빨리 메우는가가 기준이 되었다.

하지만 이제는 비어 있음은 낭비가 아니다. 빈공간은 '사이'이다. 정서는 '사이'의 공간에서 자란다. 지친 현대인들은 정서가 자유롭게 놀 수 있는 빈 공간을 찾기 시작했다. 노자의 말대로 '없음'이 '쓰임'으로 터닝하는 시대가 된 것이다. 가치는 변한다. 새로 떠오르고 있는 '우리 사이'의 가치를 대한민국에서 먼저 꽃피우고 그것을 세계 곳곳에 수출하는 그날이 오길 꿈꾸어 본다.

5
숫자에서 가치로 터닝하라

우리나라 사람들은 중산층의 기준을 어디에 두고 살까? 한 기관에서 대한민국 직장인을 대상으로 설문조사를 한 결과, 첫째, 부채 없는 아파트 30평 이상 소유 둘째, 월 급여 500만 원 이상 셋째, 자동차는 2,000CC급 중형차 소유 넷째, 예금액 잔고 1억 원 이상 보유 다섯째, 해외여행 1년에 한차례 이상 다닐 것 등이 중산층의 기준이라고 대답했다.

나는 이 정보를 가지고 강연 때마다 수강생들에게 이 기준이 마음에 드느냐고 물었다. 내가 만난 대다수 사람들은 마음에 들지 않는다고 대답했다. 그러면서 영국 옥스퍼드대학교에서 제시한 첫째, 페어플레이를 할 것 둘째, 자신의 주장과 신념을 가질 것 셋째, 독선적으로 행동하지 말 것 넷째, 약자를 두둔하고 강자에 대응할 것 다섯째, 불의, 불평, 불법에 의연히 대처할 것 등의 데이터를 들려주었다. 그리고 같은 방식으로 영국의 기준은 마음에 드느냐고 물었다. 대다수가 긍정하는 눈빛이었다.

중산층의 기준은 그 시대 사회구성원들이 합의한 가치기준이며 행복의 기준이다. 그래서 사회구성원들은 개인의 의사와 관계없이 이 기준에 맞추어 살려고 노력하게 된다. 위 데이터에 의하면 대한민국 사람들은 스스로 행복의 기준을 정해 놓고 불행한 삶을 살고 있는 것이다. 행복의 기준은 고정되어 있는 것이 아니다. 그 시대와 상황에 맞게 구성원들이 합의하여 기준을 바꿀 수 있는 것이다.

위의 데이터를 자세히 살펴보면 재미있는 현상을 발견할 수 있다. 한국인들이 제시한 데이터와 영국 옥스퍼드대학교에서 제시한 데이터의 차이는 무엇일까? 한국인들은 숫자에 예민하다. 모든 항목마다 숫자가 들어 있다. 대상을 계량화해서 판단하는 습관이 몸에 배어 있다는 것을 알 수 있을 것이다. 계량화는 통계해석에 중요한 요소다. 그러나 숫자는 해석을 위한 도구다. 그 도구에 갇혀 목적을 보지 못하면 숫자의 노예가 되고 만다. 대개 숫자에 예민한 사람은 분노가 많다. 숫자의 도구는 규칙과 질서와 해결 등 단순화를 좋아한다.

반면에 사람의 정서는 불규칙하고 무질서하며 해결할 수 없는 복잡함이 더 많다. 정서는 숫자로 판단하려 들면 충돌을 일으킨다. 그 충돌을 피하려면 숫자의 도구 뒤에 숨어 있는 정서의 목적을 읽을 수 있어야 한다. 가령 위의 데이터를 다시 한 번 살펴보자. 한국인들의 데이터에 들어 있는 숫자는 물질적인 가치서열 구조가 깔려 있다. 치열한 경쟁의 구조에서 살아남기 위해서는 상대적인 우위를 점하지 않으면 생존하기 어렵다는 절박함이 들어 있는 것이다. 이때 숫자에 예민한 사람들은 그 표면에 드러난 데이터를 기준으로 자기 자신의 현재와 미래의 가치 기준을 삼는다. 반면에 정서의 목적을 해석하는 사람들은 그 데이터를 보면 치열한 현실을 직시하고 경쟁력을 확보하기 위해서 내가 갖추어야 할 역량이 무엇인지를 확보한다. 즉, 숫자 뒤에 숨어 있는 소중한 가치를 선택한다.

영국 옥스퍼드대학교의 데이터는 숫자가 보이지 않는다. 그들은 숫자 뒤에 있는 가치를 드러낸 것이다. 페어플레이를 하고, 자신의 주장과 신념을 가지고, 독선적으로 행동하지 말고, 약자를 두둔하고 강자에 대응할 것, 불의, 불평, 불법에 의연히 대처할 것 등 이런 가치를 강화하는 것이 치열한 경쟁사회에서 살아남는다는 것을 알고 있는 것이다. 숫자의 노예가 되면 경쟁에서 살아남지 못한다. 열등의식으로 인한 불안이 자기 발목을 끊임없이 잡기 때문이다. 우리 사회는 숫자의 노예에서 하루빨리 벗어나야 한다. 유치원, 초등학교, 중학교, 고등학교, 대학교, 취업, 실적, 승진으로 이어져 있는 인재 평가의 숫자 서열화는 분노의 축이다. 학교폭력 및 자살, 우울증 등 우리 사회가 안고 있는 고질적인 문제 뒤에는 숫자의 노이로제가 한몫하고 있다. 이제 시대가 요구하는 '숫자에서 가치로의 터닝'을 받아들여야 한다.

분노는 개인의 문제이자 사회구조의 문제이기도 하다. 개인과 사회는 수레의 양 바퀴다. 개인의 환경이 모여서 사회의 환경을 만들기도 하지만 사회의 환경이 개인의 환경을 만들어 주기도 한다. 대한민국은 지금 총체적으로 난관에 부딪혀 있다. 정치, 외교, 경제, 사회, 교육 등 어느 하나도 속 시원히 풀리는 곳이 없다. 나의 작은 소견으로는 개발도상국의 잔재를 벗어나지 못하고 있는 것이 가장 큰 위기의 원인이라고 생각한다. 시대는 이미 선진국으로 진입했는데도 의식의 틀은 아직도 과거에 머물러 있는 것이다.

이러한 괴리는 에너지를 분산시킨다. 국민 모두가 좌충우돌할 뿐 하나 된 구심점이 없다. 에너지를 모을 중심을 상실한 것이다. 대한민국은 자타가 인정하는 열정이 있는 국민들이다. 그럼에도 불구하고 그에 합당한 성과가 나오지 않을 때는 가던 길을 멈추고 출발점을 돌아보아야 한다. 역사는 순리에 어긋나 있는 국가와 민족에게 기회를 주지 않았다. 지금 대한민국은 선진국에 맞는 새로운 패러다임을 창출해야 할 시점이다. 그것은 누구에게 미룰 성질이 아니다. 국민 각자가 자기 역할을 할 때 그 판단 기준을 선진화하는 것이다. 위에서 사례를 들었던 한국인의 중산층 기준은 개발도상국의 전형적인 사례다. 개발도상국 사람들의 의식의 특징은 도구에 머물러 있다는 것이다. 그것은 왜 하는지에 대한 주도적인 목적성이 결여되어 있다. 선진국을 따라가는 습성이 배어 있기 때문이다.

선진의식의 핵심은 주인의식이다. 주인의식의 결여는 간섭과 통제다. 간섭과 통제의 사회에서는 개인과 사회 모두가 피곤하다. 이 악순환은 분노의 온상이다.

맹자가 말하였다.
"선(善)으로 남을 복종시키려 했던 자 치고 남을 복종시킨 경우는 없다. 선(善)으로 남을 길러준 뒤에야 천하를 복종시킬 수 있다. 천하 사람들이 마음으로 복종하지 않는데 천하의 군왕 노릇한 자는 없다."

『맹자』 '이루 편'의 일부분이다.

역사의 많은 지도자들은 개혁을 시도했다. 개혁은 분노를 해결하려는 시도다. 개혁을 운운하는 것은 그 사회의 기가 막혀 있다는 반증이기 때문이다. 개혁의 본질은 쌓인 분노를 풀고 분노 없는 세상을 만드는 것이다. 그러나 역사적으로는 개혁을 성공시킨 지도자보다는 개혁에 실패한 지도자가 더 많다. 맹자는 실패의 원인은 소통의 부재에 있다고 진단한다. 개혁이 성공하려면 개혁의 주체와 객체, 분노의 주체와 객체 사이의 소통이 전제되어야 한다. 개혁은 개인의 문제만도, 사회의 문제만도 아니다. 개혁은 지도자의 문제만도, 국민들만의 문제만도 아니다. 개혁은 제도만의 문제도, 의식만의 문제도 아니다.

맹자는 이 양자 사이의 소통 정도에 따라서 개혁의 성패가 나누어진다고 보았다. 소통은 정서를 움직여야 한다. 성공한 리더는 사회 구성원들의 정서를 읽고 그 정서를 순화시킬 수 있는 방법을 찾는다. 실패한 리더는 숫자를 내세워서 사회구성원들을 현혹시킨다. 이 땅에도 정서를 움직이는 개혁의 리더가 그리운 때이다.

제5장

분노[火]를 예방하다

분노조절 5단계는 분노예방이다. 분노는 한 번 해결했다고 끝나는 공부가 아니다. 분노 공부는 평생 동안 해야 한다. 사람과 사람 사이의 관계는 예측이 불가능하다. 그럼에도 불구하고 분노는 예방이 가능하다. 건강한 사람은 열악한 환경이 조성되어도 병에 걸리지 않을 확률이 높다. 마찬가지로 분노를 예방하려면 사람과 사람 사이의 관계에 필요한 요소를 충분히 배우고 익혀야 한다. 현대사회는 분노를 유발하기 쉬운 환경이다. 먹는 것, 입는 것, 자는 것, 노는 것, 공부하는 것, 일하는 것, 대화하는 것 사이사이에 분노의 요소가 숨겨져 있다. 분노에 대한 적절한 긴장은 인간관계에 면역력을 길러 준다. 분노예방은 분노의 조짐을 알고 준비하는 공부 단계이다.

1
화폐감별사는 위조지폐를 보지 않는다

'참을 인(忍)자 셋이면 살인도 피한다'는 말이 있다. 분노가 치밀어 올라오면 곧바로 표출하지 말고 그 타이밍을 지혜롭게 넘기면 이성적으로 해결할 수 있다는 의미다. 맞는 말이다. 분노는 객기(客氣)다. 객기는 부리고 나면 반드시 후회를 낳는다.

요즘 들어 대한민국의 분위기가 심상치 않다. 객기를 부리는 사람이 눈에 띄게 늘고 있다. 어린아이부터 노인에 이르기까지 그 대상도 다양하다. 객기는 지위고하와 지역에 상관없이 동시다발적으로 일어난다. 객기의 사연도 천태만태다. 뉴스의 대부분은 객기를 다룰 정도다. 이 정도면 참을 인 자 셋 가지고는 턱없이 부족하다. 참는 방법으로 해결할 단계를 이미 넘어선 것이다. 우리는 분노의 시대를 살아가고 있다. 그렇다면 분노에 묻혀 살아가야 하는가? 분노상황을 극복할 수 있는 대안은 없는가? 분노의 시작과 끝은 어디인가?

객기(客氣)의 대비 개념은 정기(精氣)다. 객기가 잠시 머물렀다가 떠나는 손님의 기운이라면, 정기는 언제나 변하지 않고 늘 그 자리를 지키는 주인의 기운이다. 분노의 시대에서 벗어나는 방법은 객기에서 정기로 터닝하는 길이다. 정기는 얼이다. 얼이 살아 있으면 객기는 나타나지 않는다. 얼이 빠져 제 기능을 다하지 못하고 중심을 잃었을 때 객기는 난동의 역할을 수행한다. 정기는 집단의 정체성이다. 집단의 구성원들을 한 곳으로 묶어 주는 기준이 살아 있으면 객기는 들어설 자리가 없다. 구성원들이 혼란한 틈을 보이면 객기는 즉각 이간질이라는 이름으로 그 사이를 채운다. 정기는 질서다. 개체와 전체는 유기체다. 개체와 전체 사이에 질서가 서 있으면 객기는 힘을 쓰지 못한다. 개체와 전체 사이에 신뢰를 잃으면 객기는 부정부패의 양분을 먹고 전사의 역할을 다한다. 주인이 주인의 역할을 제대로 하지 못하면 손님이 끼어드는 것은 당연하다.

주인은 저절로 되지 않는다. 주인으로서 책임과 의무를 다해야 비로소 주인으로 인정받는다. 집에 손님을 초대했을 때 손님에게 청소해라, 음식해라, 술 사와라 시키지 않는다. 그것은 주인의 몫이다. 주인은 손님을 위해 수고를 아끼지 않는 사람이다. 수고를 아끼려 잔머리를 많이 쓸수록 스스로 주인의 자리에서 멀어진다. 사과농장 주인은 벌레 먹은 사과도 맛있게 먹는다. 좋은 사과는 마땅히 손님의 몫이라는 진리를 알고 있기 때문이다. 주인은 손님에게 무엇을 줄지 잘 아는 사람이다. 주인은 이웃과 똑같은 실수를 저질렀다면 먼저 사과한다. 사람의 도리를 잘 알기 때문이다. 손님은 이런 상황에서 핑계거리를 먼저 찾는다. 핑계거리에 밝은 사람은 주인으로 살지 못한다. 주인은 남의 것을 탐내지 않는다. 이 세상에 공짜는 없다는 철칙을 잘 안다. 주인은 자신의 강점을 살려 먹고 살지만, 손님은 주인의 약점을 이용하려 파고든다. 주인의 길과 손님의 길은 이렇듯 다르다. 분노사회는 주객전도의 사회다.

분노현상은 주인과 손님이 뒤바뀐 사회구조의 위험을 알리는 경종이다. 이 경종의 소리를 듣고 그 축을 터닝하기 위해서는 주도면밀한 준비를 해야 한다. 위험사회에서는 정상적인 말도 거꾸로 듣기 때문이다.

화폐감별사는 위조화폐를 보지 않는다. 가짜화폐를 접하다 보면 진짜화폐를 보는 감각을 잃을까 염려해서다. 탁월한 감별사일수록 진짜를 명확하게 인식하고 있는 것이다. 같은 이치로 훌륭한 의사는 증후군을 많이 알려고 하기보다는 지극히 정상적인 몸에 더 밝다. 우리네 삶도 마찬가지다. 훌륭한 삶, 건강한 삶, 아름다운 삶, 닮아가고 싶은 삶, 행복한 삶의 기준에 밝아야 한다. 그 기준은 정기(精氣)이며 주인이다. 교육은 다름이 아니라 정기를 가르치고 배우고 깨달아서 주인된 삶을 살아가도록 돕는 것이다. 그런데 언제부터인가 우리 교육은 그 본연의 길을 망각하고 있다. 이유야 어찌 되었든 간에 삶의 기준을 터닝하는 유일한 희망은 교육일 수밖에 없다. 변화의 성공은 외부의 물리적인 혁명보다는 지속적이고 체계적인 교육을 통하여 자발적으로 이루어 나가는 것이 더 지혜롭기 때문이다. 터닝의 성패는 교육을 통한 인식의 전환여부에 달려 있다.

정기(精氣)를 살리기 위한 우리 교육의 터닝 1호는 지식과 기술 중심에서 인성과 소통 중심으로 전환해야 한다. 스마트 시대에서 지식의 습득과 기술의 연마 자체만으로는 더 이상 힘이 아니다. 미래의 경쟁력은 이미 공유된 지식과 기술을 누가, 어떤 목적으로 가치를 창출하는가에 달려 있다. 똑같은 책 한 줄을 가지고도 누가, 어디서, 어떻게 활용하느냐에 따라서 그 가치는 천지차이가 난다. 동일한 기종의 스마트폰을 가지고 있더라도 누가, 언제, 어디서, 어떻게 사용하느냐에 따라서 그 값어치는 천태만상이다. 가치를 만들어 내는 것은 지식과 기술이 아니라 인성과 소통이다.

터닝 2호는 교수법의 전환이다. 인성과 소통 중심의 교육은 피드백교수법이 적합하다. 피드백교수법이란 교사가 교육목적에 맞는 백지발문을 던져 주면 학생들은 각자 그 백지를 채우고 교사와 학생이 함께 피드백을 주고받는 쌍방향학습법이다. 인성과 소통능력은 밖에서 주입시켜서 길러지지 않는다. 내 안에 있는 긍정의 에너지를 스스로 발견하고 사용해 봄으로써 개발되는 영역이다.

터닝 3호는 평가방식을 도구평가에서 목적평가로 전환하는 것이다. 기존의 지식과 기술 중심의 정량평가는 사람을 도구로 인식하는 데서 출발했다. 교육은 생산의 양에 초점을 두고 설계하였기 때문에 인재평가 역시 도구평가의 기준을 따른 것이다. 인성과 소통역량을 평가하기 위해서는 사람을 목적으로 인식해야 한다. 목적평가란 사람 개개인의 가치를 중심에 두고 그 가치의 실현 정도를 객관적으로 평가해 주는 방식이다. 도구평가가 평가를 당하는 수동적인 구조라면, 목적평가는 자기 스스로 평가의 기준을 세운다는 점에서 능동적인 평가구조라 할 수 있다.

학문이란 진실로 폭넓게 해야 하는 것이므로 지름길로 가서는 안 된다. 다만 배우는 사람이 나아갈 방향을 정하지 못하거나 마음을 견고하게 세우지 않은 채 오직 넓히는 데에만 힘을 쏟는다면,

마음이 흔들려 취사선택을 정밀하게 하지 못하거나 또는 갈피를 잡지 못해 진실을 잃을 수가 있다. 그러므로 반드시 먼저 요점을 찾고 확실하게 방향을 정한 다음에 널리 배우면 종류에 따라서 성장하게 될 것이다.

이율곡의 『성학집요』에 나오는 내용이다.

어느 것이나 마찬가지겠지만 특히 교육은 방향과 기준이 중요하다. 공부의 방향은 인생의 방향을 뜻한다. 그리고 공부의 기준은 그 사람의 가치판단의 기준으로 자리 잡는다. 그래서 예로부터 교육을 백년대계라고 일컬었던 것이다. 난세의 상황일수록 교육은 중심을 잡아야 한다. 교육은 객기(客氣)를 잡고 정기(精氣)를 살리는 유일한 희망이다.

2
성찰의 근육을 통한 자기경영의 노하우

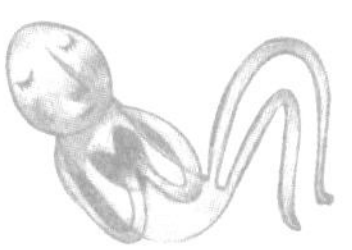

사회생활을 하다 보면 크고 작은 회식의 자리를 갖는다. 직장이든 친목모임이든 회식은 삶의 활력을 가져다준다. 맛있는 음식과 술, 이색적인 분위기까지 겹해지면 저절로 흥이 난다. 긴장은 풀리고 마음은 너그러워진다. 마음의 문이 열리게 되면 평소에 하지 못했던 쌓인 감정을 토로하고 서로 공감해 준다. 상사에 대해서 흉도 보고 친구에 대해서 험담도 늘어놓는다. 회식은 분노를 식혀 주는 통로이다.

그런데 문제는 절제되지 못하는 회식문화이다. 1차에서 2차로 다시 2차에서 3차로 이어지는 회식은 그 본질을 훼손하는 방향으로 흐르기 쉽다. 기분 좋게 시작해서 분노로 끝나는 회식은 자기관리의 부재다. 결국은 자기 자신이 그 분위기를 선택했기 때문이다.

지금은 많이 달라졌지만 과거에 절제되지 못한 회식문화가 팽배하였을 당시의 미담(美談)이다. 1차 회식을 마치고 일어설 때면 내 뒤로 사람들이 줄을 서려고 했다. 그 이유는 나는 특별한 경우가 아니면 1차를 마치고 가는 사람으로 인식되었기 때문이다. 대개 회식은 분위기가 판단을 좌우한다. 1차를 마치고 2차로 넘어갈 때는 분위기를 주도하는 사람과 그 분위기에 동조하는 사람, 그리고 그 분위기의 눈치를 살피는 사람과 그 분위기를 포기하는 사람으로 나누어진다. 내 뒤에 줄을 서는 사람들은 대개 2차 분위기의 눈치를 살피는 사람들이었는데, 식상한 변명도 궁색하니 편승하려는 의도가 깔려 있었다. 그들은 함께 가면서 듣기 좋은 소리로 나에게 자기관리를 잘한다고 칭찬했다. 사실 나는 음주가무에 약하고 다음날 일정에 무리를 피하기 위해서 내 몸에 맞는 계산된 판단을 했을 뿐이다.

자기경영능력은 분위기를 긍정적으로 이끄는 힘에서 나온다. 여기서 분위기라 함은 자기 자신의 개인 영역과 타인과의 관계 영역을 모두 포함한다. 분위기는 복합적인 요인들에 의해서 만들어진다. 그 변화의 요인들을 하나하나 꼼꼼히 살펴서 서로를 살리는 방향으로 융합해 내는 능력이 경영이다. 한편 경영은 처음이 중요하다. 출발이 엉성하면 과정과 결과는 좋을 수가 없다. 모든 사람은 일생에 걸쳐서 다양한 형태의 경영을 수행한다. 자기경영, 가정경영, 직장경영, 사회경영이 그것이다. 이 가운데 가장 중요하고도 출발점이 되는 것은 자기경영이다. 자기경영이 부실하다면 다른 영역의 경영에서 성공했다는 평을 듣더라도 행복한 경영자라고 할 수 없다. 이러한 사람은 자족하는 삶의 맛을 모르기 때문이다.

따라서 자기경영의 목적은 자족하는 행복을 얻는 데 있다. 자족은 행복의 대상을 밖에서 찾는 것이 아니라 내 안에서 찾아야 한다. 이러한 관점에서 보면 자기경영의 킹핀은 성찰(省察)이다. 긍정의 분위기를 창조하기 위해서는 분위기메이커인 자기 자신의 주변을 살피는 것이 출발점이기 때문이다. 성찰은 훌륭한 자기경영을 위한 전제조건이 되는 것이다. 자기성찰에 대한 방법은 수를 셀 수 없을 만큼 복잡하고 많다. 여기서는 자기성찰의 일반적인 기준을 제시하고 분노를 예방하는 방향으로 접근할 것이다.

자기성찰의 기본은 자기(自己)에 대하여 듣고, 생각하고, 말하고, 행동하는 것을 살피는 태도다. 좀 더 구체적인 방법은 다음과 같다.

자기성찰 1단계는 경청이다. 경청은 분위기를 읽는 센서다. 센서가 예민할수록 분위기 파악을 정확하게 할 수 있다. 센서의 각도도 중요하다. 한쪽으로 쏠린 센서는 치우친 정보를 수집한다. 자신의 마음의 소리와 생각의 소리, 그리고 몸의 소리를 고루 들어야 한다. 자기 내면의 소리를 경청하지 않거나 외면하면 그 자리에 외부의 잡음이 들어온다.

그렇게 되면 분위기가 흐려져서 에너지를 긍정적으로 모으기 어렵다. 분위기에 쉽게 휘둘리는 사람은 자기 내면의 소리보다 외부의 소리에 더 예민한 사람이다.

자기성찰 2단계는 생각이다. 자기 자신이 진행하고 있는 생각을 살피는 태도다. 1단계에서 경청한 정보는 대개 생각이라는 프로세스를 거쳐 필터링한다. 이때 필터링의 기준이 중요하다. 그 기준은 '서로 살리기'에 두어야 한다. 자기의 본성을 살리는 것이 자족하는 삶의 기쁨이기 때문이다. 생각의 성찰은 내면의 소리를 듣고 마음과 몸을 모두 살릴 수 있는 선택을 하고 있는지 살피는 태도이다. 자기성찰 3단계는 말이다. 2단계에서 선택한 것을 말로 정확하게 표현하고 있는지를 살피는 태도이다.

말은 논리(論理)가 중요하다. 내가 하는 말이 이치에 맞는지, 그렇지 못한지 꼼꼼히 살펴 들어야 한다. 말에 생명력과 품위가 있는 사람은 자기 자신이 하는 말을 스스로 잘 듣는다. 이치에 없는 말을 하는 사람은 자기 자신이 하는 말을 잘 듣지 못하는 사람이다. 자기성찰 4단계는 행동이다. 2단계에서 선택한 것을 행동으로 적합하게 표현하고 있는지를 살피는 태도이다. 행동은 이미지다. 이미지는 직관의 대화다. 이 단계는 자신의 일거수일투족을 직관을 통하여 면밀하게 살피는 것이다. 직관의 기준은 마음과 행동의 일치여부다. 마음 따로, 행동 따로는 일시적으로는 유효할 수 있지만 지속 가능한 소통의 도구는 될 수 없다. 자기성찰은 일상에서 일평생에 걸쳐서 일순간의 일들을 일관하여 살피는 자족의 공부다. 자기성찰을 잘하는 사람은 타자에 대한 관찰력이 뛰어나다. 비유하자면 성찰은 나무의 뿌리 부분이고 관찰은 나무의 줄기와 가지 부분과 같다. 자기 안을 잘 들여다보는 사람은 내면의 기준이 서 있기 때문에 자기 밖의 대상도 면밀하게 살필 수 있는 것이다.

●● 40대 후반의 어느 여성 이야기다. 그녀는 음악을 전공해 피아노학원을 운영하고 있다. 성격이 무던한 남편을 만나서 두 아이를 낳고 이렇다 할 걱정 없이 살고 있다. 문제는 자신의 성격과 행동이 마음에 들지 않아 자주 분노를 느낀다는 것이다.

첫째는 매사에 일관성이 없고 변덕이 심하다고 한다. 물건이든 사람이든 조금만 대하면 금방 싫증을 느껴 바꾸어 버린다. 두 번째는 자기합리화 습관이다. 무엇이든지 자기 기준으로 편안하게 생각해 버린다. 가령 며칠 동안 집안 살림이 하기 싫으면 밥도 안 하고 청소도 하지 않는다. 가족이나 자기 자신에게 20년이 넘도록 해 왔는데 며칠은 안 해도 상관없다는 식으로 쉽게 변명해 버린다. 셋째는 규칙적인 생활을 하고 싶어서 여러 가지 도전을 해 보았지만 번번이 실패해서 짜증이 난다는 것이다.

위 사례의 여성에게 자기성찰과 타자에 대한 관찰의 필요성을 설명하고 분노 유형에 맞는 습관 깨기 품세를 실시했다. 일관성이 없고 변덕이 심한 것은 '不인내 유형'이고 자기합리화 습관은 '不도전 유형'이며, 규칙적인 행동을 하지 못하는 것은 '不성실 유형'을 적용했다. 그녀는 분노는 다른 사람이 나에게 가하는 것으로만 알았지, 자기 자신에게서 분노의 주체와 객체를 구분하여 성찰을 통하여 극복할 수 있다는 것은 상상도 해보지 않았다고 말했다.

그리고 그녀는 지금까지 살아오면서 자기 자신에 대하여 단 한 번도 성찰의 개념을 머릿속에 두지는 않았다고 고백했다. 지금 생각해 보니 자기 자신의 불찰로 인해서 남편과 아이들이 그동안 많이 힘들었다는 것이 느껴진다는 이야기도 전해들을 수 있었다. 그녀에게 성찰을 통한 자기경영의 방법으로 산책하기, 명상하기, 성찰일기 쓰기, 인문고전 읽기 등을 권해 주었다.

밉게 보면 잡초 아닌 풀이 없고
곱게 보면 꽃 아닌 사람이 없으니
그대를 꽃으로 볼 일이다.

털려고 들면 먼지 없는 이 없고
덮으려 들면 덮지 못할 허물없으니
누구의 눈에 들기는 힘들어도
그대의 눈 밖에 벗어나기는 한 순간이더라.

귀가 얇은 자는 그 입 또한 가랑비처럼 가볍고
귀가 두꺼운 자는 그 입 또한 바위처럼 무거운 법
생각이 깊은 자여!
그대는 남의 말을 쉽게 말고 마치 내말처럼 깊게 하리라.

겸손은 사람을 머물게 하고
칭찬은 사람을 가깝게 하고
넓음은 사람을 따르게 하고
깊음은 사람을 감동케 하니
마음이 아름다운 자여!
그대 그 향기에 세상이 아름다워라.

나이가 들면서 눈이 침침한 것은
필요 없는 작은 것은 보지 말고
꼭 필요한 큰 것만 보라는 뜻이다.

나이가 들면서 귀가 잘 안 들리는 것은
필요 없는 작은 것은 듣지 말고
꼭 필요한 큰 것만 들으라는 것이다.

나이가 들면서 이가 시린 것은
소화 잘 되는 부드러운 음식만 먹고
과식하지 말라는 뜻이다.

나이가 들면서 걸음걸이가 부자연스러운 것은
행동거지 하나하나에 조심하고
욕심을 채우기 위해 멀리 다니지 말라는 것이다.

나이가 들면서 머리가 하얗게 되는 것은
멀리 있어도 나이 든 사람인 것을 쉽게 알아보게 한
하늘의 깊은 뜻이다.

다산 정약용의 『목민심서』에 나오는 내용이다.

한마디, 한마디가 자기성찰의 울림이다. 누구나 한번 태어나서 살다가 떠나지만 아름답게 살다 가기란 쉬운 일이 아니다. 성찰을 통한 자기경영은 타인에게 '보이는 나'보다는 '살아가는 나'에서 행복을 얻는 길이다. 현대인들은 필요 이상 타인을 의식한다. 배움에 있어서도 진리의 깊이보다는 학력이라는 외형에 더 많은 시간과 돈과 에너지를 쏟는다. 배우자의 선택도 그 사람의 내면의 가치보다는 외모와 학벌과 직업에 더 비중을 둔다. 직업을 선택할 때에도 자기 자신의 내적인 만족보다는 외적 조건에 더 무게를 둔다. 물론 함께 사는 세상의 가치를 등지고 살 수는 없다.

그러나 그 세상이 나의 삶을 책임져 주지는 않는다. 보여 주기 위한 것들은 시간이 지나면 하나씩 사라져간다. 최종적으로 남는 것은 '보이는 나'가 아니라 '살아가는 나'이다. 자기경영의 이치를 아는 사람은 '살아가는 나'에 정성을 들인다. 그 속에서의 행복이 가장 달콤하고 영원하다는 확신이 있기 때문이다. '살아가는 나'에 충실한 사람이 많아질수록 대한민국의 분노는 줄어들 것이다.

3
감사의 근육을 통한 가정경영의 노하우

요즘 다문화가정에 대한 관심이 높다. 사실 긍정의 관심이라기보다는 다문화가정에 대한 걱정이 늘고 있다는 말이 더 적합할 것이다. 일반적인 가정을 꾸려가기도 벅찬 세상인데 언어와 정서, 그리고 가치를 동시에 극복하며 산다는 것은 결코 쉬운 일은 아니다. 특히 대한민국에 로망을 두고 결혼한 배우자들은 그 기대를 충족하지 못하는 환경에 직면했을 때 행복한 가정을 유지하기는 더욱 어려워진다. 결혼은 원래 다문화 사이의 결합이다. 서로 다른 문화에서 성장한 선남선녀가 새로운 문화를 창조하는 행위다. 다문화결혼은 그 문화의 정도차이가 클 뿐이다. 문화인류학자들의 연구에 의하면, 문화의 이질적인 요소가 많을수록 결합의 시너지효과는 커진다고 한다. 서로 줄 것과 받을 것이 많아지기 때문이다.

현재 대한민국은 제2의 글로벌 시대를 맞이하고 있다. 제1의 글로벌 시대는 서구 선진문명에 동화되는 거였다. 즉, 더 큰 성장과 발전을 위해 우물 안 개구리에서 벗이나 국세무대에 나가 당당하게 우리의 목소리를 내자는 것이다. 반면에 제2의 글로벌 시대는 대한민국 안에서의 선진국화다. 소셜네트워크 시대는 안과 밖의 경계가 없다. 안이 부실하면 금방 들통이 난다. 과거처럼 가려지는 시대는 지나갔다. 안을 건강하게 하면 자연히 밖으로 드러나는 시대로 터닝한 것이다. 따라서 가장 한국적인 글로벌화가 가장 세계적인 글로벌화다. 이러한 관점에서 보면 다문화가정은 대한민국 글로벌문화의 초석이 된다고 할 수 있다. 다문화가정이 행복할 수 있는 사회적 기준이 절실히 필요한 시점이다.

가정은 가장 인간적인 공공체이다. 가정은 사람에게 1차적인 생리적인 욕구와 문화적인 요구를 충족시켜 준다. 그 뿐만이 아니라 존재감과 가계전승에 대한 원초적인 본능도 가정에서 이루어진다. 무엇보다도 가정에서는 인간의 고유 영역인 정서에너지를 만드는 보금자리이다. 가정에 대한 개념이나 기능은 시대와 나라마다 다르다. 자연환경과 문화환경의 변천에 따라서 가정에서 추구하는 가치와 욕구가 변화하기 때문이다.

이러한 변화의 흐름을 잘 살펴서 구성원들이 모두 행복할 수 있도록 이끄는 것이 가정경영이다. 가정경영과 분노는 밀접한 관계를 맺고 있다. 그것은 인간에게 필요한 기본적인 욕구를 주고받는 1차적인 공동체이기 때문이다. 인간의 정서는 더 가까이에 있는 사람에게 더 작은 것에서 예민하게 반응하는 법이다. 이때 분노의 역할은 가족구성원들의 자연본성에 대한 욕구가 균형 있게 채워지도록 하는 데 있다. 욕구가 어느 한쪽으로 쏠리면 분노는 그 사이에 신호를 보낸다. 이 욕구의 불만이 시정되지 않으면 정서의 자리에 상처로 남게 된다. 대개 성장과정에서 분노를 제대로 해결하지 못하고 자란 사람이 결혼 후 배우자나 자녀에게 그 분노를 전가하는 경향은 그 상처의 영향이라 할 수 있다. 그동안 가정경영은 그중요도에 비하여 등한한 것이 사실이다. 이 시대의 가정문화는 바깥일에 못지않게 집안일도 중요하다는 인식을 요구한다.

우리 집 가훈은 '나에게는 엄격(嚴格), 너에게는 관용(寬容), 우리에게는 감사(感謝)'이다. 작은 아이가 태어나고 큰 아이가 유치원에 입학할 때쯤 만들었다. 식구가 늘어나고 성장하는 것이 느껴지자 가장으로서 조직을 이끌어 가는 철학이 필요하다는 생각을 하게 되어 만들었다. 가훈은 내가 고민해서 정리했고 아내와 논의 후 서예가에게 부탁하여 액자로 제작하였다. '나에게는 엄격'은 특히 가정에서는 자칫 긴장이 풀어지기 쉽고 편안해서 자신과 가족들에게 소홀할 우려가 있어서 가정 내에서도 자기 자신을 관리하자는 뜻을 두었다. '너에게는 관용'은 가족구성원들끼리 저마다 가치를 존중해 주자는 의미를 두었다. 가족끼리 위계질서는 필요하지만 가치의 강요는 관심을 넘어 간섭으로 흐를 수 있다는 생각에서다. '우리에게는 감사'는 가족으로 만나서 함께 사는 것은 그 자체만으로도 늘 감사의 대상임을 알고 실천하자는 의미를 두고 만들었다. 거실 중앙에 걸려 있는 가훈은 지금까지 나름대로 우리 가정의 경영철학으로 이어지고 있다. 이 가운데에서 하나를 고르라면 가족에게는 '감사'해야 한다는 것이다. 감사(感謝)는 애정(愛情)의 문을 여는 열쇠이기 때문이다.

행복한 가정경영의 킹핀은 감사(感謝)다. 가족구성원들끼리 감사(感謝)하는 마음이 살아 있으면 소통이 잘 된다. 우선 우주만물 가운데 사람으로 태어나게 해 준 부모에게 감사하다. 좋은 환경에서 태어났건 나쁜 환경에서 태어났건 간에 사람은 다른 존재와 달리 자기 의지에 따라서 자기를 그려 나갈 수 있는 자유를 주었다. 성장할 수 있는 자유는 모든 인간에게 하늘이 준 가장 공평한 선물이다. 또한 사람으로 활동할 수 있도록 보살펴 준 사람에게 감사하다. 인간은 태어나서 스스로 걷기 전까지는 누군가의 도움을 반드시 받아야 한다. 이 기간에 도움을 준 사람에게 고마움을 잊어서는 안 된다.

그 이후에도 사람이 갖추어야 할 요소들을 하나하나 가르쳐 준 사람들에게 감사하다. 지구에 많고 많은 사람 가운데 나와 만난 배우자에게 감사하다. 배우자와의 사랑은 하나 되는 우주의 질서를 체험하는 기쁨이다. 하나 됨의 훈련은 다른 존재를 받아들일 수 있는 공간을 넓히는 작업이다. 그 공간에서 자식은 잉태된다. 그래서 자식에게도 감사하다. 자식은 나의 하나 됨을 넓혀 주는 거울이다. 자식의 성장과정을 지켜보면서 자기(自己)의 닫힌 곳이 하나씩 보이기 시작한다. 자식 키우기가 어려운 것은 자기의 닫힌 문을 깨기가 두렵기 때문이다. 자식에게 감사하는 사람은 자기변화에 두려움이 없는 사람이다.

그리고 가족 구성원들끼리 사랑을 맺을 수 있는 시공간에 감사하다. 러시아워 때 북적거리던 그 많은 사람들은 때가 되면 어디론가 사라진다. 자연은 인간에게 피곤함을 주어 때가 되면 쉴 곳으로 향하도록 설계하였다. 늙고 힘들고 병들면 받아 줄 안식처, 그곳이 가정이다. 가정은 그저 감사할 따름이다.

변하는 게 가정의 모습이라지만 가장 한국적인 가정의 정서는 정(情)에서 찾아야 하지 않을까 하는 생각이 든다. 정은 따뜻해서 차가워진

마음을 녹여 준다. 정은 포근해서 부족한 것도 감싸 준다. 정은 주고 싶어서 빈 곳을 채워 준다. 정은 넉넉해서 작은 것을 포용한다. 정은 편안해서 닫힌 마음을 열어 준다. 정은 한 마음이라서 다른 생각을 흡수한다. 정은 아름다워서 결점도 예뻐 보인다. 정은 밝아서 고개 숙인 자에게 희망과 용기를 준다. 정은 살리기를 좋아해서 시기와 질투를 삼킨다. 이러한 정의 가치를 회복하고, 그것을 가장 가까이에 있는 가족들과 함께 나눌 수 있도록 이끄는 사람은 가정경영의 달인이라 할 것이다.

나무는 속삭였습니다.

"와서 나랑 놀자."

"난 너무 나이가 들고 비참해서 놀 수가 없어."

소년이 말했습니다.

"배가 한 척 있었으면 좋겠어. 멀리 떠나고 싶거든. 내게 배 한 척 마련해 줄 수 없겠어?"

"내 줄기를 베어다가 배를 만들렴."

나무가 말했습니다.

"그러면 너는 멀리 떠나갈 수 있고 행복해질 수 있을 거야."

그러자 소년은 나무의 줄기를 베어 내서 배를 만들어 타고 멀리 떠나 버렸습니다.

그래서 나무는 행복했지만 정말 그런 것은 아니었습니다.

오랜 세월이 지난 뒤에 소년이 다시 돌아왔습니다.

"얘야, 미안하다. 이제는 너에게 줄 것이 아무것도 없구나. 사과도 없고."

"난 이가 나빠서 사과를 먹을 수가 없어."

소년이 말했습니다.

"내게는 이제 가지도 없으니 네가 그네를 뛸 수도 없고."

"나뭇가지에 매달려 그네를 뛰기에는 난 이제 너무 늙었어."

소년이 말했습니다.

"내게는 줄기마저 없으니 네가 타고 오를 수도 없고."

"타고 오를 기운도 없어."

소년이 말했습니다.

"미안해."

나무는 한숨을 지었습니다.

"무언가 너에게 주고 싶은데 내겐 남은 것이 아무것도 없다. 나는 그저 늙어 버린 나무 밑동일 뿐이야. 미안해."

"이젠 나도 필요한 게 별로 없어. 그저 편안히 앉아서 쉴 곳이나 있었으면 좋겠어. 난 몹시 피곤하거든."

소년이 말했습니다.

"아, 그래."

나무는 안간힘을 다해 몸뚱이를 펴면서 말했습니다.

"자, 앉아서 쉬기에는 늙은 나무 밑동이 그만이야. 얘야, 이리로 와서 앉으렴. 앉아서 쉬도록 해."

소년은 그렇게 했습니다.

그래서 나무는 행복했습니다.

쉘 실버스타인의 『아낌없이 주는 나무』 끝 부분이다.

이 작품을 표면적으로 보면 나무는 일방적으로 주는 행복을, 소년은 받는 행복을 추구한다. 주고받음이 공정해야 하는 현실의 눈으로 보면 불합리한 짝사랑이다. 그러나 사랑의 본질적 관점에서 보면 나무의 주는 행복은 아름답다. 가족에게는 오직 줄 뿐이다. 받는 것을 전제로 주면 분노가 생긴다. 계산에 착오가 생기기 때문이다. 다만 줄 때에는 반드시 그 대상을 살릴 수 있는 것을, 살릴 수 있을 때, 살릴 수 있는 만큼 주어야 한다.

맹목적으로 채워 주는 것은 도리어 양쪽에 분노를 낳는다. 이러한 상황에서는 받으면서도 주는 사람에게 탓할 수 있는 구조이기 때문이다. 가정경영이 어려운 이유는 가족구성원들 사이에 오고 가는 정서의 흐름을 읽고 서로 치우치지 않은 중용의 판단을 내려야 하기 때문이다. 정서는 눈에 보이지 않지만 분위기를 타고 가슴속에 다가온다. 그 정서가 마음에 들면 다행히 통과하여 사라지지만 마음에 들지 않으면 가슴속에 잔상으로 남는다. 그 잔상이 쌓이면 소통에 장애가 생기고 그 잔상이 더 깊어지면 분노로 표출된다.

가정은 행복의 열매를 딸 수 있는 최고의 나무이다. 그러나 그 열매의 양과 질은 경영자의 손에 달려 있다.

4
정직의 근육을 통한 직장경영의 노하우

은행에 다니는 친구는 언제까지 근무할 수 있을지 늘 고민한다. 공직에 근무하는 친구는 정년을 손꼽아 기다린다. 자영업에 종사하는 친구는 하루하루 매출에 예민하다. 시골에서 농사짓는 친구는 올해의 기상을 주시한다. 재테크하는 친구는 정부정책 변화에 촉각을 곤두세운다. 무역회사를 경영하는 친구는 국제정세를 읽느라 초미의 시간도 아낀다. 예술 활동을 하는 친구는 이상의 길과 현실의 길에서 늘 방황한다. 정치가인 친구는 이미지 관리하느라 늘 말이 많다. 연구소에 근무하는 친구는 아이디어를 찾느라 신경이 날카롭다. 영업직에 종사하는 친구는 목소리는 큰데 머릿속은 복잡하다. 의사인 친구는 날로 까다로워지는 환자들 이야기에 입이 탄다.

일은 피곤하다. 피곤이 쌓이면 분노[火]로 발전한다. 직장인들은 삼삼오오 모여서 직장생활에 대한 분[火]풀이를 일삼는다. 직장의 일은 즐거운 이야기보다는 힘든 이야기를 더 많이 나눈다. 100세의 시대를 살아가야 하는 현대인들에게 과연 행복하게 일할 수 있는 길은 없는 것일까?

일의 본질적인 의미는 받은 것을 되돌려주는 행위다. 사람은 누군가의 도움을 받으며 살아간다. 기본적으로는 먹어야 하고 입어야 하고 잠자야 하고 놀아야 하고 배워야 한다. 또한 산소를 마셔야 하고 물을 먹어야 하며 빛을 보아야 살 수 있다. 사람과 자연과 하늘에 받은 것은 돌려주어야 할 빚이다. 빚은 빌린 것이다. 그 빚을 갚는 것이 일이다. 집안일도 일이고 밖에서 하는 일도 일이다. 그 빚을 인식하고 서로가 서로에게 받은 만큼 갚으면 경제의 선순환이 일어나 부유하고 풍요로운 사회가 된다. 그러나 그 빚을 갚지 않거나 다른 사람에게 전가시키려는 사람들이 많은 사회는 돈이 돌지 않는다. 돈은 어리숙하게 보여도 정직하다. 돈은 주인에게 가면 그 주인을 살리지만 도둑에게 가면 그 도둑을 죽인다. 돈은 빚을 갚는 것에 대한 보상이다. 빚을 많이 갚으면 돈은 정당하게 쌓인다. 이것이 일의 처음마음이다. 처음마음으로 일을 하는 사람은 행복하다. 그것은 일을 통해서 자기 자신의 존재 이유를 매순간 확인할 수 있기 때문이다.

빚을 갚는 데도 법칙이 있다. 학교생활은 빚을 잘 갚기 위한 준비기간이다. 빚을 갚을 때 기본적으로 고려해야 할 몇 가지를 점검하면 다음과 같다. 첫째는 줄 대상을 정확하게 찾아야 한다. 누구에게 줄 것인지에 따라서 준비의 방향이 정해지기 때문이다. 하늘에 줄 것인지, 땅에 줄 것인지, 사람에 줄 것인지 빈 곳을 구체적으로 발견해야 한다. 둘째는 그 대상에게 무엇을 줄 것인지 메뉴를 정해야 한다. 대상을 면밀히 살피면서 필요한 것이 무엇인지 발견하는 것이다. 셋째는 그 대상에게 필요한 것을 언제 줄 것인지 타이밍을 포착해야 한다. 타이밍은 빨라도 늦어도 그 효과는 반감된다. 넷째는 그 대상에게 필요한 것을 얼마만큼 줄 것인지 양을 정해야 한다. 양이 많아도 부족해도 만족도는 떨어진다. 다섯째는 그 대상에게 필요한 것을 어떤 방식으로 줄 것인지 적합한 방법을 찾아야 한다. 똑같은 것이라도 주는 방법에 따라서 받는 이의 품위가 달라진다. 기존의 학교생활에서 가르치고 배우는 것은 일의 처음마음과는 거리가 멀다. 빌려 쓴 것은 창피한 것이 아니다. 창피한 것은 빌린 줄을 모르거나 알면서도 그 빚을 갚지 않는 데 있는 것이다. 이제는 일에 대한 처음마음을 정직하게 가르치고 배워야 할 때다.

직장경영의 '킹핀'은 정직이다. 여기서 직장경영이란 일하는 주체를 말한다. 즉, 아르바이트생으로부터 직원과 임원, CEO까지 일하는 개별자 입장에서는 모두가 경영자인 것이다. 정직은 처음마음을 흔들림 없이 지켜나가는 것이다. 일은 생명을 살리는 신성한 행위이다. 일은 돌고 돌아 다시 나에게 돌아온다. 일은 정직하게 되돌려 주면 고스란히 나에게 돌아온다. 일은 줄 것을 준비한 자에게 준비한 만큼 일할 기회가 돌아간다.

글로벌경제 시대 정직은 경영의 경쟁력으로 떠오르고 있다.

그 첫째 이유는 일의 개념에 대한 변화이다. 기존에 일은 재화와 용역을 경제활동의 '도구'로 인식하고 그 도구 자체를 생산하고 유통하는 것에 초점을 두었다. 반면에 변화하고 있는 일의 개념은 기존의 도구에 '가치'를 생산하고 유통하는 것으로 옮겨 가고 있다. 즉, 경제의 축이 '도구'에서 '가치'로 터닝하고 있는 것이다. 가치는 정직에서 빛을 발하는 법이다. 따라서 정직경영은 지속가능한 성장경영의 모델이 될 것이다.

둘째 이유는 경제를 주도하는 축이 바뀌었다는 점이다. 기존의 경제는 기업이 주도하였다. 그러나 소셜네트워크의 발달은 경제의 주도권을 소비자에게 넘겨주었다. 소셜네트워크는 권력과 언론으로부터 기업을 분리하기 시작했다. 소비자들은 네트워크를 통하여 기업의 정직 여부를 필터링한다. 따라서 정직경영은 마케팅비와 광고비를 들이지 않고도 충성고객을 확보할 수 있는 길이 열렸다. 셋째 이유는 전문가 집단의 논리적 예측보다는 집단지성의 직관예측이 시장을 이끌고 있다는 점이다. 경영은 예측이 성패를 가른다. 기존의 전문가 집단은 자기 영역의 대한 방어벽이 두터워 패쇄적일 수밖에 없다. 그러나 다수의 의견이 결집하는 집단지성은 정보의 들어오고 나감이 자유로워 변화에 민첩하게 대응할 수 있다. 따라서 정직경영은 집단지성에 비교적 호의적이기 때문에 더 정확한 예측을 기대할 수 있는 것이다. 정직은 손해라는 기존의 경영모형은 시간이 갈수록 어려움에 직면할 것이다.

제 27대 덕만의 시호는 선덕여대왕이요, 성은 김씨이며 아버지는 진평왕이다. 632년에 즉위하여 나라를 다스린 16년 동안 미리 기미를 안 일이 세 가지가 있었다.
첫째, 당나라 태종이 붉은빛과 자줏빛, 흰빛으로 그린 모란과 그 씨 3승을 함께 보냈다. 왕은 이 그림의 꽃을 보더니 말하기를, "이 꽃은 반드시 향기가 없을 것이다." 하고 뜰에 심으라 명했다. 거기에서 꽃이 피고 지는 것을 기다려 보니 과연 그 말과 같았다.
둘째, 영묘사 옥문지에 겨울인데도 개구리가 많이 모여들어 3, 4

일 동안 울어 댄 일이 있었다. 사람들이 괴상히 여겨 왕에게 물으니, 왕은 급히 각각 알천, 필탄 등에게 명하여 정병 2천 명을 거느리고 속히 서쪽 교외로 가서 여근곡을 찾아 반드시 적의 군사가 있을 것이니 이들을 쳐서 죽이라 했다. 두 각간이 명령을 받고 각각 군사 1천 명씩을 거느리고 서교에 가 보니 부산 밑에 과연 여근곡이 있고, 백제 군사 5백 명이 거기에 숨어 있었으므로 이들을 모두 죽였다. 백제의 장군 오소란 자가 남산 고개 바위 위에 숨어 있었으므로 포위하고 활로 쏘아 죽였다. 또 후속 부대 1,300명이 오는 것을 쳐서 죽이고 하나도 남기지 않았다.

셋째, 왕이 아무런 병도 없을 때 여러 신하들에게 말하기를, "나는 아무 해 아무 달 아무 날 죽을 것이니 도리천 속에 장사 지내라." 했다. 신하들은 어느 곳인지 알 수 없어 어디냐고 물으니, 왕은 말하기를, "낭산 남쪽이다."라고 했다. 그날이 되자 과연 왕이 죽으므로 신하들은 낭산 남쪽에 장사 지냈다. 그 뒤 10여 년이 지나 문무대왕이 사천왕사를 왕릉 아래에 세웠다. 불경에 '사천왕천 위에 도리천이 있다.' 했으니, 이것으로 비로소 대왕의 신령스럽고 성스러움을 알 수 있었다.

당시에 여러 신하들이 왕에게 아뢰기를, "어떻게 모란꽃과 개구리의 일을 아셨습니까?" 하니 왕은 말하기를, "꽃을 그렸는데 나비가 없으므로 그 향기가 없음을 알 수 있었소. 이는 당나라 임금이 나에게 짝이 없는 것을 희롱한 것이오. 또 개구리가 성난 모양을 하는 것은 군사의 형상이요, 옥문이란 여자의 음부인데 여자는 음부이고 그 빛은 백색이니 백색은 곧 서쪽이므로 군사가 서쪽에 있음을 알 수 있었고, 또 남근이 여근에 들어가면 반드시 죽게 되니 쉽게 잡을 수 있음을 알 수 있었소."라고 했다. 이에 여러 신하들은 모두 그 성스럽고 지혜로움에 감복했다. 꽃을 세 가지 빛으로 그려 보낸 것은 신라에 세 '여왕'이 있을 것을 알고서 한 일이 아니겠는가? 이는 곧 선덕 · 진덕 · 진성왕이니, 당나라 임금도 일을 아는 밝은 지혜가 있었던 것이다.

일연이 지은 『삼국유사』에 나오는 선덕여대왕의 이야기다.

언뜻 보면 황당한 옛날이야기일 뿐이다. 그러나 자세히 음미해 보면 현대인들에게 주는 메시지가 강하게 어필되어 있다. 옛날이나 지금이나 경영의 핵심은 예측이다. 예측이 정확하면 대박이요, 예측이 빗나가면 쪽박이다. 위 이야기에서 선덕여대왕은 예측의 정수를 보여 준다. 당나라 태종이 보낸 그림을 보고 함께 보내온 씨앗은 꽃에 향기가 없을 것이라고 정확히 예측하였다. 옥지문 앞서서 때 아닌 겨울에 개구리가 우는 모습을 보고 백제 군사가 공격해 오는 것을 정확하게 알아맞혔다. 또한 자기가 죽은 날과 묻힐 곳까지 미리 예견을 하였다. 선덕여대왕은 예측경영의 달인이었다. 예측은 주어진 정보를 적극적으로 해석해서 그 조짐을 정확하게 판단하는 능력이다.

여기서 궁금한 것은 선덕여대왕의 예측비법이다. 결론부터 말하자면 선덕여대왕의 기미를 알아내는 비법은 정직이다. 정직하면 정직할수록 예측의 정확도는 높아진다. 예측은 정보의 수용, 해석, 판단의 3

단계를 거친다. 정직하지 않은 사람은 정보를 정확하게 수용하지 않는다. 그런 사람은 정보를 외면하거나 자기에게 유리한 쪽으로 정보를 왜곡해서 수용한다. 정직하지 않은 사람은 정보에 대한 해석도 삐딱하다. 주어진 정보를 의심의 눈으로 바라보기 때문이다. 그리고 정직하지 않은 사람은 판단에 있어서도 정확도가 낮다. 왜냐하면 이러한 사람은 판단의 기준이 자기의 이해에 치우쳐 있기 때문이다. 선덕여대왕은 하늘의 소리와 땅의 소리와 사람의 소리를 열린 마음으로 수용했고, 주어진 정보의 관점에서 정보를 적극적으로 해석하였으며, 목적을 살리는 판단을 하였던 것이다. 지나치기 쉬운 선조들의 삶의 이야기 속에서 정직 경영의 비법을 들을 때다. 세상은 결국 정직을 실천하는 사람에게 지혜의 선물을 안겨 준다.

5
나눔의 근육을 통한 사회경영의 노하우

'올해는 살림이 좀 나아졌나 보구나! 우동을 두 그릇씩이나 시키는 것을 보니.' 그는 그것이 마치 자기 일이나 되는 것처럼 즐거운 마음으로 우동을 말아서 내놓았다. 여주인도 환한 얼굴로 우동을 갖다 주었다. 우동을 먹는 세 모자의 말소리도 한결 밝아 보였다. 두 아들이 우동을 맛있게 먹는 것을 물끄러미 보고 있던 어머니가 조용히 말했다.

"오늘은 엄마가 너희들에게 고맙다는 말을 하고 싶구나."

"그게 무슨 말씀이세요, 엄마?" 형이 먹다 말고 얼굴을 들었다.

"너희들에게는 말을 안 했다만, 사실 돌아가신 아버지가 교통사고를 일으켰을 때 여덟 명이나 되는 사람들이 다쳤다. 그런데 그들의 치료비가 보험금만으로는 부족했지. 그래서 엄마가 매달 생활비에서 5만 엔씩을 보탰단다."

"사실은 저도 알고 있었어요, 엄마."

"오, 그랬니?" 북해정 주인 부부는 안 듣는 척하면서 귀를 기울이고 있었다. 어머니의 말이 이어졌다.

"그 기간이 내년 3월까지였는데, 오늘 전부 돈을 갚았단다."

"우와, 그게 정말이세요?"

형이 눈을 크게 뜨고 어머니를 쳐다보았다. 동생은 우동을 먹다 말고 깜짝 놀란 표정을 지었다.

"그래. 너희들이 신문배달을 하고 집안일을 엄마 대신해 준 덕분에 일이 잘 풀렸다. 너희들 덕분에 엄마가 회사에서 마음 놓고 일을 할 수가 있었고, 회사에서 열심히 일을 했다면서 특별수당을 주었거든. 그걸로 돈을 모두 갚았난다."

두 아들은 기뻐서 어쩔 줄 몰라 했다. 기쁘기는 북해정 주인 부부도 마찬가지였다.

"우아, 신난다! 엄마, 그리고 형! 앞으로도 집안일은 내가 다 할게

요!" 두 아들이 서로 즐거워하며 나누는 이야기를 듣고 있던 어머니의 눈에 반짝 이슬이 맺혔다. 그때 형 다로가 동생 지로에게 한쪽 눈을 찡긋해 보이고는 어머니를 쳐다보면서 말했다.

"사실은 엄마…. 우리도 엄마한테 감춘 사실이 있어요."

"뭘 말이니?"

"11월 첫째 일요일에 지로의 학교에서 수업 참관을 하러 오라는 통지가 왔었어요. 지로가 쓴 작문이 북해도의 대표로 뽑혀서 전국 대회에 나가게 되었는데, 수업 참관일에 그걸 읽게 됐거든요. 그렇지만 지로는 편지를 감췄대요. 저도 몰랐는데 지로의 친구들한테 우연히 들어서 알게 되었죠." 어머니는 두 아이를 바라보면서 흐르는 눈물을 소리 없이 훔쳤다.

"……그래서 어떻게 했니?"

"제가 대신 갔어요. 선생님을 만나 보았는데 작문 제목이 '우동 한 그릇'이라는 거예요. 그래서 대뜸 북해정에서 해마다 한 번씩 먹는 우동 얘기를 썼구나 하고 생각했죠. 저는 속으로 '이 녀석이 어쩌자고 그런 부끄러운 얘기를 썼나.' 했어요. 그렇지만 내용을 듣다 보니 그게 아니었어요." 다로는 지로가 쓴 작문의 내용을 어머니께 차근차근 들려주었다. 어머니는 다로의 말을 들으며 끊임없이 눈물을 흘렸다. 그 작문의 내용은 이러했다

아버지가 교통사고를 내고 돌아가셔서 많은 빚을 남겼고, 그래서 엄마는 하루 종일 회사에 나가 일을 하고, 형은 아침저녁으로 신문을 배달하며, 자기는 집안일을 한다는 것을 사실대로 숨김없

이 적었다는 것이다. 그리고 섣달 그믐날 저녁이면 온 식구가 북해정에서 우동을 먹었는데, 비록 셋이서 한 그릇밖에 먹지 못하지만 세상의 어떤 음식보다 맛있다는 것과, 우동집 주인 부부의 '고맙습니다, 새해 복 많이 받으세요!'라는 인사말은 마치 '좌절하지 말아요! 참고 이겨 내면 일어설 수 있어요!'라고 격려해 주는 것처럼 들렸다는 것, 그래서 지로는 이다음에 크면 일본 제일의 우동집 주인이 되어 많은 사람들에게 감사하는 마음으로 살아가겠다는 것을 솔직하게 적은 글이었다고 다로는 말을 이었다. 주방 안에서 조용히 귀를 기울이던 북해정 주인 부부의 모습이 보이지 않았다. 두 사람은 다로가 들려주는 지로의 작문 내용을 엿듣다가 주방 바닥에 쪼그리고 앉아서 눈물을 흘리고 있었던 것이다. 그들은 참을 수 없이 솟아나오는 눈물을 어쩌지 못한 채 밖에 들리지 않도록 숨을 죽여 훌쩍이고 있었다. 다로가 말을 계속했다.

"지로가 작문을 다 읽고 나자 선생님께서 제가 엄마 대신 왔으니까 인사말을 하래요."

"그래서 어떻게 했니?" 어머니가 물었다.

"갑자기 그런 부탁을 받았기 때문에 주저했지만, 마음을 가다듬고 이렇게 말했어요. 언제나 우리 지로와 다정하게 지내 주어서 고맙습니다. 내 동생 지로는 매일 저녁 우리 가족 식사 당번을 맡아야 합니다. 그래서 학교에서도 여러 친구들과 어울리지 못하고 일찍 돌아와야 한답니다. 그렇지만 여러분은 그런 내 동생을 늘 위로하고 감싸 준다는 말을 들었습니다. 정말 고맙습니다. 조금 전에 동생이 '우동 한 그릇'을 읽을 때 사실 전 부끄러웠습니다. 한 그릇의 우동으로 우리 세 식구가 한 끼를 때웠다는 것이 부끄러운 게 아니라, 그렇게 생각하는 마음이 더 부끄러운 것이라는 생각이었습니다. 저는 지금 한 그릇의 우동을 주문할 수 있었던 어머니의 용기를 생각하고 있습니다. 우리 형제는 그런 어머니를 지켜 드릴 것입니다. 앞으로도 우리 지로를 따뜻하게 대해 주기 바랍니다."

세 모자는 많은 이야기를 나누면서 웃다가는 금방 눈물을 훔치기도 했고, 또 눈물을 흘리다가도 금방 배꼽을 쥐고 웃으면서 손을 잡기도 했다. 북해정 주인 부부는 그러는 세 모자와 함께 울고 웃고 했다. 어머니는 우동 두 그릇 값으로 300엔을 내놓고는 고개를 숙여 인사했다.

"맛있게 먹었습니다.!" 아직도 우동 한 그릇에 150엔인 줄 알고 있는 것 같았다. 그들 세 모자는 일 년에 딱 한 번 우동을 먹는 게 틀림없었다. 주인 부부는 그들의 뒤에 대고 작년과 같은 목소리로 인사를 했다.

"고맙습니다, 새해 복 많이 받으세요!"

구리 료헤이의 『우동 한 그릇』 일부분이다.

아이 둘을 데리고 온 여인에게 딱한 사정을 알아차리고 우동 한 그릇을 시키면 한 그릇 반을 주고, 두 그릇을 시키면 세 그릇을 몰래 주면서 격려해 주었던 우동 전문점인 북해정 주인 부부의 아름다운 이야기다. 그 후 14년 동안이나 이들은 나타나지 않았지만 해마다 섣달 그믐날이 되면 9시 이후는 그들이 앉았던 자리에 예약석 팻말을 세워 놓고 주인은 손님들에게 그 모자의 이야기를 전하며 기다렸고 마침내 그들은 성공해서 돌아와 당당히 우동 세 그릇을 시켜 먹는 것으로 이 소설은 끝을 맺는다. 언제 읽어 봐도 나눔의 가치를 일깨워 주는 가슴 훈훈한 감동의 이야기다.

자랑거리가 있는 사회는 행복하다. 자랑거리 속에는 정의, 나눔, 도전 등 사람다움의 향기가 느껴지기 때문이다. 사람다움의 향기는 입에서 입으로 전해지면서 그 사회의 에너지를 긍정적으로 정화시킨다.

몇 해 전 전라북도 군산에 강의 때문에 내려간 적이 있었다. 강의를 마치고 그곳 담당자들과 점심을 먹는데 담당자는 군산에 오면 반드시 들러야 할 곳이 있다며 식사하는 동안 이성당 빵집을 입이 달토록 자랑을 했다. 일제 강점기 때 일본인이 문을 연 빵집인데 해방 후 한국인이 인수해서 운영했다고 한다. 그때 최초로 시작한 빵집들이 몇 곳 있었지만 지금까지 남아 있는 곳은 유일하게 이곳뿐이며, 특히 단팥빵과 야채빵은 꼭 먹어 보라고 권했다. 바닷가 옆에서 인심 좋은 점심을 배불리 먹고 나의 의지와 상관없이 그들과 함께 다음 코스인 이성당으로 발길을 옮겼다. 그곳에 도착해 보니 가게 앞에는 외국인들이 기념사진을 촬영하느라 분주했고 빵 나올 시간이 가까워졌는지 손님들이 줄을 서서 기다리고 있었다. 우리 일행은 좁은 탁자를 하나 차지해 짐을 놓고 각자 빵을 고르기 시작했다. 빵 종류도 많고 사람도 많고 시끌벅적한 것이 원래 내 취향은 아닌데도 이상하게 그 복잡함이 싫지 않게 느껴졌다. 도리어 대한민국에서 가장 오랜 전통이 담긴 빵을 직접 하나하나 골라 본다는 것이 뿌듯하게 느껴졌다. 우리 일행은 각자 고른 빵을 계산하고 탁자에 모여 방금 배부르게 먹은 점심도 잊은 채 다시 빵을 먹기 시작했다. 나는 언제 다시 이곳에 올 수 있을지 모른다는 아쉬움에 빵 봉투를 들고 이성당 사람들을 하나하나 살펴보면서 그곳을 떠났다. 서울을 돌아오면서 군산에 사는 사람들은 자랑거리가 있어 부럽다는 생각과 함께 우리 동네에는 무슨 자랑거리가 있는지 기억을 더듬어 보았다.

자랑거리는 사람의 마음을 움직인다. 인간 본성에는 더불어 살려는 의지가 숨어 있다. 기분 좋은 이야기, 함께 나누면 가슴이 뛰는 이야기, 공동체에 유익한 영향을 주는 이야기, 자수성가한 이야기, 용기와 희망을 주는 이야기……. 이러한 이야기는 남의 이야기가 아니다. 나의 이야기이고 우리 모두의 이야기이다. 이들 이야기 속에는 인간 본성을 자극하는 흥분의 요소가 담겨 있다. 그것은 나눔의 정신이다. 나눔은 개체와 전체가 분리되지 않고 하나로 인식하는 데서 출발한다. 나는 나이고, 너는 너이며, 우리는 우리라는 식의 분리된 사고로는 나눔의 정신을 제대로 실천하기 어렵다. 나눔은 개인과 사회를 통(通)으로 바라보고 서로의 빈 곳을 채워 주는 성숙한 인간의 모습이다. 물론 완전한 개전일체(個全一體)의 사회는 모두가 꿈꾸는 가장 이상적인 사회의 모습일 뿐 현실에서 찾아보기는 힘들다. 그러나 이상(理想)은 현실(現實)과 동떨어져 있다고 해서 무시되거나 버려져야 하는 것은 결코 아니다. 이상은 현실의 문제를 해결하는 기준이 되기 때문이다. 불행한 사회는 문제가 많은 사회가 아니라 이상이 없는 사회다.

사회경영의 킹핀은 나눔이다. 사회생활은 곧 나눔의 실천이다. 나눔은 주인의 눈으로 사회를 바라볼 때 잘 보인다. 『우동 한 그릇』에서 북해정의 주인 부부는 두 아이와 여인을 한 식구로 생각했기 때문에 그 빈 곳을 보고 채워 줄 수가 있었다. 그 소설 속에 등장하는 여인이 다니던 직장, 학교 선생님과 아이들 이들은 모두 주인의 눈으로 그들을 바라보고 나눌 것은 찾아 주었다. 군산에서 이성당 빵집을 소개해 준 그 담당자는 로비스트도, 영업사원도 아닌 군산시에 함께 살고 있는 지역주민일 뿐이다. 이들은 나와 사회를 통(通)으로 보는 눈이 있기에 나눔을 자연스럽게 실천할 수 있었던 것이다.

나눔은 정서의 터치다. 따라서 의도적인 접근은 역효과를 불러올 수 있다. 위 소설에서 북해정 주방장은 그 여인이 우동 한 그릇을 시켰을 때 두 그릇이나 세 그릇을 줄 수도 있었지만 한 그릇 반을 주었다. 그것은 정서를 배려한 나눔의 실천이었던 것이다.

사회경영에서 나눔의 기준은 중용(中庸)이다. 주인의 눈으로 사회를 바라보면서 넘치는 것이 발견되면 덜어내 주어야 한다. 그래야 넘친 그 개인도 살고 사회도 살 수 있는 것이다. 가령 새 학기를 맞이하여 초등학교를 배정하는데 빈부의 차이를 이유로 취약지역 학생들을 그 학교에서 배제하는 경우가 발생한다면 이것은 넘치는 행위라고 할 수 있다. 이 경우도 개인의 눈으로만 보면 각자의 여러 가지 이유가 성립하겠지만 사회의 눈으로 보면 차원이 달라진다. 빈부의 문제는 어느 곳에나 있으며 그것은 가려서 해결할 문제가 아니라 사회적 합의를 도출하는 것이 더 중요하다. 그 사회적 합의는 학교공동체에서 이루어지는 것이 가장 바람직하다. 같은 또래의 학생들은 성장해서 사회에 나가면 그 멤버들과 함께 사회생활을 하게 된다. 그 구성원들이 건강해야 개인의 행복도 지킬 수 있는 것이다. 그래서 사회적으로 빈부문제가 심하게 되면 분노가 발생한다. 이때의 분노는 넘치는 것에 대한 경계의 신호이다. 또한 주인의 눈으로 사회를 살펴보면서 부족한 것이 발견되면 채워 주어야 한다. 그래야 개인과 사회는 모두 건강하게 살 수 있기 때문이다. 가령 사회적 약자에 대한 배려 정책들은 부족한 것을 채우려는 한 일환으로 볼 수 있다. 더 적극적인 사회나눔의 실천은 원초적으로 사회적인 약자가 발생하지 않도록 사회시스템을 구축하는 것이다. 최근에 협동조합의 부상은 기존의 주식회사에서 발생하는 빈부문제 등 여러 가지 문제점들을 보완해 보려는 시도라고 할 수 있다. 그 이면에는 나눔의 중용철학이 들어 있다고 할 수 있다.

대한민국은 개전일체(個全一體)사회를 만들 수 있는 저력이 있는 민족이다. 그 대표적인 사건은 2002년 한 · 일 월드컵이다. 우리는 경기가 벌어질 때면 빨간 티셔츠를 입고 광장으로 나가 한 목소리로 대한민국을 외쳤다. 그곳에서는 남녀노소, 빈부귀천, 피부색도 문제가 되지 않았다. 그때 사람들은 경기보다는 막혀 있던 개체(個體)와 전체(全體)의 하나 됨에 더 관심을 두었다. 그래서 우리는 스스로가 자랑스러웠다. 그 자랑하는 소리를 전하기 위해서 해외외신들은 취재 열기가 뜨거웠다. 그 후부터 대한민국은 자랑거리가 하나하나 생기기 시작했다. 숨통이 트인 것이다. 자랑거리는 분노를 잡아먹는 백혈구다. 자랑거리가 많아질수록 분노는 들어설 자리가 없다. 대한민국 곳곳에 태극기와 함께 자랑거리가 울려 퍼지도록 국민 한 사람, 한 사람이 나눔의 눈을 기르고 실천하자.

6
인문학으로 행복경영의 근육을 키워라

나는 여러 가지 주제로 강의를 한다. 그 가운데 가장 내 마음에 드는 주제는 '인문학 고전' 강의다. 그 첫째 이유는 강의대상이다. 인문학 강의는 다른 강의 주제와 달리 내 자신에게 강의를 할 수 있어서 좋다. 내가 하는 강의지만 반복해서 들어도 질리지 않는다. 그래서 자연스럽게 내 자신이 청강자가 되고, 청강자는 곧 내가 된다. 둘째 이유는 청강자의 태도다. 인문학은 자기 자신을 찾는 학문이다. 다른 주제처럼 배워서 남을 가르치려 하거나 학위를 따기 위한 도구적인 차원을 벗어나서, 오직 자기(自己)를 찾으려는 공부의 본질적인 목적이 살아 있어서 마음에 든다. 이러한 목적이 살아 있어서 강사와 청강자, 그리고 청강자들 서로서로가 자신의 삶에 대하여 진정성을 가지고 소통하려는 분위기가 형성된다. 셋째 이유는 항상 새롭다. 주로 고대의 동양과 서양의 인문고전을 읽으며 인문학 정신을 기르는 강의다. 이때 접하는 인문고전은 읽을 때마다 늘 새로운 깨달음이 있어서 좋다. 인문학 고전은 나의 교과서이며 스승이다.

대한민국은 지금 인문학의 전성시대를 맞고 있다. 여기저기서 인문학 강좌가 열리고, 길거리에서는 인문학 공연이 펼쳐지며, 각종 행사장에는 인문학 축제가 등장한다. 인문학은 자기 성찰의 학문이다. '나는 어디서 와서, 어떻게 살다가, 어디로 갈 것인지'를 점검하는 자족의 공부다. 그렇다면 이 바쁜 시대를 살아가는 현대인들에게 왜 인문학인가? 사실 인문학의 유행은 현실의 삶이 만족스럽지 못하다는 반증이기도 하다. 현대인들은 기존의 길에 회의를 느끼고 새로운 길을 찾고 있는 것이다. 그 길은 크게 물질문명의 길과 정신문화의 길로 구분할 수 있다. 사실 이 두 길은 공존(共存)의 길이며 상생(相生)의 길이다. 문제는 이 두 길 사이의 균형상실이다. 현대사회는 물질문명의 길에 지나치게 편중되어 있다. 그 결과 정신문화에서 잡아 주어야 할 삶의 목적과 가치를 상실하게 된 것이다. 현대인들에게 인문학이 필요한 이유는 잃어버린 삶의 방향을 다시 찾아 세워야 한다는 절박함 때문이다. 정신문화의 고갈은 결국 물질문명의 고갈로 이어진다. 이 두 길은 동전의 앞과 뒤처럼 한 덩어리로 작용하기 때문이다. 물질문명을 지탱하기 위해서는 정신문화를 바로 세워야 하는 것이다.

인문학을 접근하는 도구는 다양하다. 종교활동, 예술과 취미활동, 독서활동 등이 그것이다. 어느 것이든 현재 자기에게 주어진 조건에 맞추어 지속적으로 배우고 익히면 된다. 하지만 인문학은 생각만큼 단순한 영역은 아니다. 인문학은 누구나 할 수는 있지만 그 목적과 기준을 바로 세우지 않으면 제대로 깨달음을 얻을 수가 없다. 여기에서는 인문학의 대강을 살펴보고 그 목적과 기준을 제시하고자 한다.

우선 인문학은 '나'에 대한 학문이다. 인문학은 '나'로 시작해서 '나'로 끝나야 한다. 그런데 대개 시작은 '나'에서 하는데 그 끝은 어떤 대상에 의존하는 지점으로 귀결하는 경우가 많다. 가령 처음에는 플라톤을 스승으로 삼아서 '나'를 깨닫고자 했는데, 시간이 흐를수록 플라톤 사상에 빠져버리고 만다는 것이다. 인문학은 마지막까지 내가 중심이라는 것을 잊어서는 안 된다. 또한 인문학은 끝이 없는 학문이다. '나'를 둘러싸고 있는 시간과 공간은 무한히 확장시켜 나갈 뿐, 그 끝은 없는 것이다. 시간적으로는 과거와 현재와 미래를 자유롭게 여행해야 한다. 공간적으로는 인간세계와 자연세계와 우주세계를 넘나들어야 한다. 그 길을 먼저 탐색한 사람들이 정교하게 다듬어 놓은 것이 인문학의 역사다. 문학, 역사, 철학 등이 그것이다. 인문학의 역사는 '나'를 찾아가는 도구다. 이 도구를 발판으로 삼아서 '나'의 세계를 구축해 나가는 것이 인문정신이다. 이 도구자체를 이해하였다고 해서 인문학이 완성되었다고 생각해서는 안 된다. 인문학은 지식을 하나 더 쌓는 학문과는 다르다. 인문학은 내 안의 깨달음을 위한 자족(自足)의 학문이다. 그래서 인문학 여행은 끝이 없는 것이다.

인문학 여행은 그 끝이 없기에 도전할 가치가 있다. 여행에 끝이 없다고 해서 방향과 길이 없는 것은 아니다. 여행에는 지도가 있고 나침반이 있듯이, 인문학에도 그 길은 있다. 우선 인문학의 나침반은 5단계 자기

본성 찾기다. 여기서 자연본성이라 함은 한 인간이 가지고 태어난 역량을 최대한 발휘하여 행복에 도달할 수 있는 자연스러운 상태를 뜻한다.

1단계는 자기본성 살피기다. 자기 자신의 인문지수(人文指數)를 객관적으로 파악하는 입문 단계다. '나'를 찾고자 하는 의욕의 정도는 사람마다 다르다. 이 단계는 인문학 공부의 동기점검에 해당한다. 모든 공부는 출발점이 중요하다. 자기 자신이 서 있는 위치를 자각하지 못하면 공부를 시작하여 시간이 흘러도 그 자리를 벗어나지 못하기 때문이다.

2단계는 자기본성 발견하기다. 자문자답(自問自答)을 통하여 내면의 역량을 인식하는 단계다. 자기 자신을 둘러싸고 있는 현상에 대하여 '왜 그런가?'의 질문을 던지고 그 답을 스스로 구한다. 마치 양파껍질을 하나하나 벗겨가듯이 질문의 넓이와 깊이를 스스로 조절해 가면서 의문이 완전히 해소될 때까지 파고 들어간다. 2단계를 거치면 이상의 길과 현실의 길이 두 개로 갈라진다.

3단계는 자기본성 깨닫기다. 깨닫는다는 것은 기존의 벽을 하나하나 깨고 새로운 세계에 들어간다는 뜻이다. 이 과정은 기존의 굳어진 인식 습관을 비우는 원리를 통하여 자기본성을 확장시켜 나가는 단계이다. 2단계가 머리로 깨달았다면 3단계는 몸으로 부딪치면서 깨닫는 과정이다. 3단계를 거치면 이상의 길과 현실의 길이 혼돈의 상태에 접어든다.

4단계는 자기본성 소통하기다. '나'를 찾는 것의 목적은 세상과 소통이다. 3단계가 내적 깨달음이라면 4단계는 외적 깨달음이다. 세상과 하나 될 수 있는 그릇의 크기가 '나'인 것이다. 4단계를 거치면 이상의 길과 현실의 길이 하나가 된다.

5단계는 자기본성 펼치기다. '나'의 꿈을 세상에서 실현하는 단계다. 처음의 작은 '나'를 버리고 과거보다 커진 '나'의 모습으로 나의 삶을 리모델링하는 과정이다. 이것이 진정한 '나'만의 꿈 실현이다.

인문학의 지도는 인문고전이다. 인문고전은 주위 환경의 영향을 최소화하면서 지속적으로 공부할 수 있는 훌륭한 지도다. 더구나 인문고전은 세월의 흐름만큼 충분히 검증된 객관적인 기준을 가지고 자기를 새롭게 디자인할 수 있는 길을 안내해 준다. 누구나 인문고전을 통하여 인문학 소양을 키우고 싶다는 로망은 있다. 문제는 고전은 어렵고, 많은 시간을 요하며, 고된 고민의 과정이 필요하다는 점이다. 나의 경험으로는 인문학의 정신만 놓지 않는다면 인문고전은 누구나 도전해 볼 수 있다는 생각이다.

인문학 고전 읽기는 잃어버린 '나'를 고전이라는 지도를 통하여 삶의 주인된 모습으로 다시 태어나도록 하는 데 그 목적이 있다. 따라서 기존의 수동적인 고전 읽기와는 달리 '나'를 중심에 두고 사상의 뿌리를 주도적으로 살펴 나가는 방식으로 읽어야 한다. 그 목적을 고려하여 동양과 서양 사상의 원류(源流)로 잘 알려진 9권의 대표 고전을 읽을 것을 권한다. 그것은 『맹자』, 『장자』, 『삼국유사』, 『국가』, 『니코마코스윤리학』, 『고백록』, 『논어』, 『금강경』, 『도덕경』이다.

또한 인문학 고전여행은 고전을 취하되 전문적인 고전탐독이 목적하는 바가 아니기 때문에 이 시대에 요구하는 '나'를 찾는 가치 키워드를 뽑고, 그 키워드를 중심으로 고전텍스트를 접근할 것을 권하고 싶다. 그 키워드는 각 텍스트 별로 [마음], [자유], [신비], [진리], [행복], [영혼],

[사랑], [인생], [자연] 등 총 9개를 선택했다. 각각의 키워드는 현대인들의 인문학적 정신근육을 키우는 절대적인 요소가 될 것이다.

사람들이 찾는 최고의 선(善)은 무엇인가?
어떤 탐구를 하거나 행동을 할 때 우리는 무엇을 목표로 할까? 아마도 무엇인가 좋은 것, 즉 선(善)을 목표로 할 것이다. 우리가 하는 모든 행동과 선택은 어떤 '좋은 것[善]'을 목표로 한다. 바꿔 말하면 좋은 것은 우리 모두가 목적으로 삼는 것이다. 그런데 이런 여러 목표들 사이에는 차이가 있다. 어떤 경우는 활동 자체가 목적이 되고, 또 어떤 경우는 활동 자체가 아니라 그 결과로 생기는 것이 목적이 된다. 그런데 이런 활동이나 기술 및 학문의 종류는 너무나 다양하기 때문에 그 목적 또한 여러 가지다.
예를 들어 의학의 목적은 건강이고, 병법의 목적은 승리이며, 경제의 목적은 돈을 버는 것이다. 그리고 서로 관련 있는 몇 가지 활동 가운데 으뜸이 되는 활동의 목적이 다른 종속적인 활동의 목적보다 중요하다. 예를 들어 말의 고삐나 말에 쓰이는 도구의 제작 기술은 말을 잘 타는 기술에 종속되며, 말을 잘 타는 기술이나 모든 군사 행동의 목적은 병법의 목적인 승리에 종속된다.
따라서 우리가 모든 일의 목적으로 삼는 것, 무슨 일을 하든지 그것 때문에 선택하는 것, 바로 그것을 '선[좋은 것]'이라고 할 수 있다.
그럼 우리가 추구하는 것이 어떤 선을 목적으로 한다면, 그 모든 선 가운데 최고의 선은 무엇인가? 이 물음에 대한 사람들의 대답은 대개 비슷하다. 즉, 보통 사람이나 교양 있는 사람이나 모두 '행복'을 최고의 선(善)이라고 대답한다. 그러나 무엇이 진정한 행복인가에 대해서는 사람마다 생각이 다르다. 때로는 같은 사람도 때와 장소에 따라 다르게 생각하기도 한다. 예를 들어 몸이 아플 때는 건강한 것을 행복이라고 생각하지만, 가난할 때는 부유함을 행복이라 생각한다.

자, 이제 최고의 선이 무엇인가에 대해 좀 더 자세히 살펴보자. 사람들의 생활 모습은 크게 다음 세 가지로 나뉜다. 첫째는 향락적 생활로서, 쾌락을 행복이라 여기는 삶이다. 이는 동물적인 생활로 많은 사람들이 선택하는 삶의 모습이다. 둘째는 정치적 생활로서, 명예로운 삶을 행복이라 여기는 삶이다. 이 생활은 교양 있고 활동적인 사람들이 추구하는 삶의 모습이다. 셋째는 관조적 생활로서, 명상하고 깊이 생각하는 삶이다. 이것은 신의 활동과 가장 많이 닮은 이성적 생활로, 진리를 탐구하는 삶의 모습이다. 이러한 생활 모습 가운데 어느 것이 최고의 선인 행복과 관계있을까? 대답은 매우 분명하다. 향락적 생활은 동물과 비슷한 생활이므로 절대 최고의 선이라고 할 수 없다. 정치적 생활이 추구하는 명예도 우리가 추구하는 최고의 선은 아니다. 왜냐하면 선은 자신의 행동에 따라 주어지는 고유한 것인데, 명예는 그것을 내려주는 사람에 따라 달라지기 때문이다. 또한 사람들은 그 명예를 통해 자신이 선하다는 것을 보여 주려 하기 때문이다.

그 밖에 돈을 버는 생활은 어쩔 수 없이 하게 되는 것이다. 돈은 단지 유용하고 다른 어떤 것을 추구하는 데 필요한 것일 뿐이지, 그 자체가 목적이 될 수는 없다. 그러므로 부유함도 역시 우리가 구하고자 하는 최고의 선은 아니다. 그렇다면 세 번째의 관조적 생활이 최고의 선일까?

이 문제를 좀 더 명확하게 해 보자. 삶의 목적은 여러 가지가 있다. 이 목적들 가운데 어떤 것은 다른 목적을 이루기 위한 것이기 때문에, 모든 목적이 똑같이 궁극적인 것은 아니다. 그런데 최고의 선은 확실하게 궁극적인 목적이다. 따라서 오직 하나의 궁극적인 목적이 있다면, 이것이야말로 우리가 찾는 바로 그것이다. 왜냐하면 다른 것을 위해서 추구되는 것보다 그 자체가 목적으로 추구되는 것이 더 궁극적이기 때문이다. 그리고 여기에 해당되는 것이 바로 행복이다. 우리는 언제나 행복을 목적 그 자체로서 추구할 뿐, 다른 어떤 것 때문에 추구하지는 않는다.

이것은 또한 자족, 즉 스스로 만족한다는 관점에서 보더라도 같은 결론이 나온다. 궁극적인 선(善)은 자족적이다. 여기서 자족(自足)이란 어떤 한 개인, 즉 고립된 생활을 하는 한 사람만을 만족시키는 것이 아니라, 부모와 자녀, 아내, 친구, 나아가 동포들까지도 만족시켜야 한다는 것을 의미한다. 왜냐하면 인간은 본래 사회적 존재로 태어나기 때문이다.

또 자족(自足)이란 아무런 부족함 없이 그것만으로도 생활을 바람직하게 할 수 있는 것을 말한다. 그렇다면 행복이야말로 바로 이런 것이다. 행복은 모든 것 가운데 가장 바람직한 것이요, 다른 여러 가지 선(善)들의 한가운데에 있는 것이다. 따라서 행복은 궁극적이고 자족적이며, 다른 모든 행동의 목적이라 할 수 있다.

아리스토텔레스의 『니코마코스 윤리학』 일부분이다.

행복은 모든 사람들이 원한다. 그리고 그 행복의 길은 성현들이 이미 수없이 제시했다. 그런데 현실은 불행하다는 사람들이 더 많다. 그렇다면 성현들이 제시한 길이 틀린 것일까? 아니면 성현들이 제시한 길을 무시하고 살아서 불행할까? 아니면 성현들이 한 말을 제대로 알아듣지 못해서 불행한 길로 가는 것일까? 여러 가지 복합적인 요인이 혼재하겠지만 확실한 것은 '나'를 제대로 찾은 사람은 행복한 길을 선택한다는 것이다. 아리스토텔레스의 말대로 행복은 '궁극적이고, 자족적이며, 다른 모든 행동의 목적'의 길이라고 했는데, 그 길은 바로 내가 선택한 '나'의 길이기 때문이다.

분노의 시대를 살아가는 현대인들에게 인문학 공부는 선택이 아니다. 물질문명의 과도한 노출 속에서 인간의 정서는 갈피를 잡지 못하고 있다. '나'를 찾는 공부를 통하여 정신의 근력을 키워야 한다. 정서는 정신의 근력 위에서 본래의 모습으로 자라기 때문이다. 인문학은 행복 경영의 시작과 끝이다.